KB242382

표현의 자유와 미국헌법

표현의 자유와 미국헌법

John E. Nowak / Ronald D. Rotunda 저
이부하 역

FREEDOM OF SPEECH AND THE AMERICAN CONSTITUTION

미국헌법은 우리에게 친숙한 용어지만, 실제로는 다른 법체계를 가지고 있기에 쉽게 다가오지 않는 분야이다. 하지만 미국헌법은 우리 헌법에 많은 곳에 용해되어 적용되고 있다. 다른 국가의 헌법을 비교하는 것은 우리 헌법의 현주소를 인식하는 중요한 도구가 된다. 각국 헌법간 비교에 있어서도 성문헌법에만 중점을 둔 비교는 그 본질을 충분히 이해하기 어려우므로, 실제 사건들이 해석되고 적용되는 헌법현상을 대상으로 하는 것은 중요한 의미를 가진다.

한국학술정보[주]

머 리 말

    미국헌법은 우리에게 친숙한 용어지만, 실제로는 다른 법체계를 가지고 있기에 쉽게 다가오지 않는 분야이다. 하지만 미국헌법은 우리 헌법의 많은 곳에 용해되어 적용되고 있다. 다른 국가의 헌법을 비교하는 것은 우리 헌법의 현주소를 인식하는 중요한 도구가 된다. 각국 헌법 간 비교에 있어서도 성문헌법에만 중점을 둔 비교는 그 본질을 충분히 이해하기 어려우므로, 실제 사건들이 해석되고 적용되는 헌법현상을 대상으로 하는 것은 중요한 의미를 가진다.

    이 역서는 John E. Nowak / Ronald D. Rotunda의 "Constitutional Law"(7th ed., 2004)라는 저서에서 Chapter 16의 Freedom of Speech를 번역한 것이다. 미국 역사와 중요한 경험에서 나온 철학적 배경에 대한 이해로부터 미국헌법을 인식할 필요가 있다. 미국에 있어 가장 중요한 기본권 중의 하나인 수정헌법 제1조상의 표현의 자유를 이해함으로써 과거와 현재의 미국을 이해하는 데 도움이 되리라 믿는다. 표현의 자유를 확장하려는 입장과 이를 제한하려는 입장의 경쟁과 상충은 과거뿐만 아니라 현재에도, 미국만이 아니라 한국에도 존재하고 있으며, 해결해야 할 문제이다.

    영어번역이라는 번거로운 일을 하기로 한 것은 우리 학문계의 번역서에 대한 낮은 평가에도 불구하고 누군가는 해야 할 중요한 작업을 조금이나마 돕고자 함이었다. 번역을 기꺼이 허락해주신 노왁(John E. Nowak) 교수님과 로툰다(Ronald D. Rotunda) 교수님께 진심으로 감사드리며, 늘 노력하는 자세를 견지하도록 격려의 말씀을 해 주신 은사이신 권형준(權亨俊) 교수님께도 감사드린다. 마지막으로 이 책의 출판을 위해 도와주신 분들에게 감사의 말씀을 드리고 싶다.

경산 연구실에서　이 부 하

차 례

01

서 론

이 장(章)에서는 미국 역사에 대한 요약과 표현, 특히 정치적 표현을 제한하는 법을 지니고 있었던 영미의 중요한 경험의 철학적 배경으로부터 시작한다. 그런 후에 표현에 영향을 주는 법령을 심사하는 데에 연방대법원이 사용하는 방법과 태도에 관심을 돌리고자 한다. 우리는 연방대법원이 자유로운 표현을 침해하는 것으로 추정하는 법에 의해 주(州)정부나 연방(聯邦)정부의 이익과 표현의 이익을 형량하는 데 사용된 주요한 기술들을 알게 될 것이다.

연방대법원은 수정헌법 제1조를 주정부와 지방정부에 모두 병합적용할 수 있도록 하기 위해 수정헌법 제14조를 사용해 왔다. 따라서 수정헌법 제1조상 자유의 적용범위는 연방정부의 행위뿐만 아니라, 지방이나 주정부의 행위로부터 개인을 보호하는 것이다.[1]

---

1) 몇몇 상황에서 사인(私人)이나 회사와 같은 사법인(私法人)은 수정헌법 제1조와 수정헌법 제14조에 의거하여 이러한 주체의 행위를 제한하기 위한 '주행위'(state action)로 보기에 충분하다(Chapter 12 State Action

 수정헌법 제1조가 발전되어 온 현대에 있어서 복잡성은 1791년 수정헌법 제1조를 국민들이 인준할 때에도 헌법기초자들의 시각에서는 미광(微光)에 불과했다.[2] 실제로 미국 연방대법원은 20세기 초반기가 끝나갈 때까지 표현의 자유를 적극적으로 보장하지 못했다.[3] 20세기가 좀 더 흐른 중반기에도 연방대법원은 표현에 대한 정부제한의 사법심사기준이 불명확하였다. 20세기 후반기가 지난 후에야 연방대법원은 자신들이 사용할 표현행위를 제한하는 정부의 능력을 분석하는 기본적 골격을 개발하였다.[4]

 연방대법원은 종종 법령이 너무 광범위하고 매우 모호하면 법령에 대한 엄격한 심사에 착수하게 된다. 명확하게 규정된 법령은 특정행위를 유효하게 제한할 수 있는 반면, 특정법령에 치명적인 흠결은 유효한 표현의 이익을 제한할 수 있도록 초안이 만들어진 것일 수도 있다. 더욱이 만약 표현을 제한하는 것으로 추정되는 법령이 덜 제한적인 수단에 의해 정당한 목적을 달성할 수 있다면, 법관은 독립적으로 판단할 수 있다.

 이 장(章)의 마지막 부분에서, 우리는 연방대법원이 구체적 상황에서 표현의 특정한 형태나 범주를 다루는 방법을 주로 고찰한다. 정부 전복적 표현(subversive speech); 음란한 표현(obscene speech); 방송매체와 전통적 인쇄매체의 표현; 비방적 표현(libelous speech); 결사권(associational rights)에 영향을 주는 표현; 투쟁적 언사(fighting words); 적대적 청중 앞에서의 표현; 상징적 표현(symbolic speech);

참조).

2) Ronald D. Rotunda, Bicentennial Lessons from the Constitutional Convention of 1787, 21 Suffolk U. L. Rev. 589 (1987).

3) John Nowak, The "Sixty Something" Anniversary of the Bill of Rights, 1991 U. Ⅲ. L. Rev. 445 참조.

4) Ronald D. Rotunda, Original Intent, The View of the Framers, and the Role of the Ratifiers, 41 Vanderbilt L. Rev. 507 (1988).

공정한 재판과 부정폭로보도와 관련하여 뉴스취재와 보도에 영향을 주는 표현에 대한 제한; 집회의 권리와 청원권과 관련된 표현 등.

기억해야 할 것은 이러한 범주는 속속들이 규명된 것은 아니고, 확실히 빈틈없이 완벽하지도 않다. 그러나 이러한 범주는 연방대법원이 자주 다양한 표현 형태에 대한 제한의 허용범위를 위한 차별적인 심사를 발달시킨 것이다.

표현의 특정한 형태의 적절한 이익, 특히 정치적 표현은 이익형량이 되기 때문에 예상될 수 있는 심사방법상 차별은 다른 형태의 표현(예를 들면, 음란한 표현)상 이익과 차이가 있다. 더욱이 표현에 있어 주장되는 제한을 심사하는 기술은 의식적이든 무의식적이든 각각의 범주에 따라 상이하게 적용될 수 있다.

내용에 기초한 규제와 견해에 기초한 규제

표현행위에 대한 정부의 제한을 검토할 때, 처음으로 제기되는 문제는 정부의 규율이 한 단체에 의해 발현된 표현이나 사상의 내용에 기초한 것인지 여부이다. 연방대법원은 자주 표현에 대한 내용중립적인 규제는 완화된 형태의 사법심사를 받는 반면, 표현에 대한 내용기초적 규제는 엄격한 심사를 받기 쉽다고 판시한다. 그러나 표현에 대한 내용기초적 규제와 내용중립적 규제 사이를 단순히 구분할 수 있다는 것은 너무 안이한 생각이다. 우리는 표현행위에 대한 정부규제의 다양한 형태에 대한 연방대법원의 접근방식을 이해하기 위해서는 표현에 대한 내용기초적 규제를 세분화할 필요가 있다.

표현에 대해 내용에 기초한 규제는 2가지 형태로 나눌 수 있다. 첫째, 정부는 표현의 내용을 이유로 몇몇 형태의 표현을 전면적으로 금지할 수 있다. 둘째, 정부는 특정한 시간 또는 장소에 특정한 형태의 표현은 그 환경에 역효과를 발생시키지 않기에 그러한 형태의 표현을 하려고 하는 개인을 규율할 수 있다.

내용을 이유로 한 특정한 형태의 표현행위를 전적으로 금지하는 정부행위는 엄격한 사법심사를 받을 가능성이 있다. 연방대법원이 시사하듯이, 엄격한 사법심사에 의하면 내용을 이유로 한 전적인 금지행위는 절박한 정부이익을 위해 명확하게 규정되었다는 입증책임을 정부가 부담하지 않는다면, 특정한 형태의 표현에 대한 정당한 금지로 인정될 수 없다는 것이다.

정부는 특정한 형태의 범주에 속하는 표현을 처벌하기를 원하기 때문에, 좀처럼 엄격심사기준을 충족하지 못한다. 연방대법원은 표현 내용이 (1) 예를 들면 화자(話者)가 조직폭력단에게 린치를 가하는 행동을 하도록 긴급한 불법행위를 선동하는 표현,5) (2) 반사적인 폭력반응을 유발시키는 표현(이른바 '투쟁적 언사') 또는 '진정한 협박',6) (3) 음란7)(연방대법원은 대중잡지가 자주 외설로써 묘사하는 자료를 제외하도록 좁게 정의한다), (4) 아동 외설, 아동의 사진이나 필름 포함한 제한된 범주의 표현,8) (5) 특정한 형태의 명예훼손적 표현,9) (6) 특정한 형태의 상업적 표현, 서비스나 상품의 판매와 관

---

5) §§ 16.12－16.15 참조. Ronald D. Rotunda, The Warren Court and Freedom of the Press, in The Warren Court: A 25 Year Retrospective 85 (Bernard Schwartz, ed., Oxford University Press 1996); Ronald D. Rotunda, *Pravo na svobody slova v voennoe vremiz v knostitutsii SShA*: *istoki i evoliutsiia*, Pravo I Zakonodatel'stvo, 2003, No.2, c. 63－65; *The Right of Freedom of Speech in Wartime In the Constitution of the USA*: *Sources And Evolution*, Law and Legislation, 2003, No.2, pp.63－65.

6) §§ 16.37－16.40 참조. Ronald D. Rotunda, A Brief Comment on Politically Incorrect Speech in the Wake of R.A.V., 47 So. Methodist U. L. Rev. 9 (1993).

7) §§ 16.56－16.61.

8) §§ 16.61(b) 참조.

9) §§ 16.32－16.36 참조.

련된 본래 잘못되고 오도된 표현 또는 법률이 성차별을 금지하는데, 남성근로자만의 모집을 위한 광고와 같은 불법적 행위에 관련된 제안[10]을 금지하는데 명확하고 한정된 규율을 통해 처벌이 이루어지면, 이는 내용에 기초한 표현을 처벌하는 것으로써 허용되어 왔다.

정부가 이러한 범주와 관련 없이 내용에 기초하여 표현을 처벌한다면, 연방대법원의 판결에 의하면, 정부는 그러한 규율이 절박한 정부이익을 증진하기 위해 명확하게 규정되었다는 가중된 입증책임을 지게 된다.[11] 정부는 몇몇 사건에서 제한된 정도로, 예를 들면 정치후보자에 금전적 후원의 몇몇 형태로 한정한 것을 포함하여 선거운동 재원조달 등 일부 범위를 허용하였다.[12]

내용에 기초한 정부의 제한은 견해에 기초한 정부의 제한과는 다르다. 정부에 의한 특정한 범주의 표현의 처벌을 허용한다는 것이 개인이 정부의 견해와 다른 견해를 견지하기 때문에 정부가 개인을 처벌하는 것을 연방대법원이 허용한다는 의미는 아니다. 수정헌법 제1조상의 모든 조문은 신념의 자유라는 생각과 함께 연관되어 있다. 신념의 자유 또는 사상의 자유는 수정헌법 제1조상에 명백히 언급되어 있지 않지만, 신념의 자유 또는 사상의 자유는 수정헌법 제1조상의 모든 조문 중에 핵심적인 가치이다.

---

10) §§ 16.26－16.31 참조. Ronald D. Rotunda, The Constitutional Future of the Bill of Rights: A Closer Look at Commercial Speech and State Aid to Religiously Affiliated Schools, 65 N. Car. L. Rev. 917 (1987); Ronald D. Rotunda, Lawyer Advertising and the Philosophical Origins of the Commercial Speech Doctrine, 36 U. Richmond L. Rev. 91 (2002)(Allen Chair Symposium of 2001).

11) 예를 들면 Simon & Schuester, Inc. v. Members of the New York State Crime Victims Board, 502 U.S. 112 S.Ct. 501, 116 L.Ed.2d 476 (1991); §§ 16.22 참조; Cohen v. California, 403 U.S. 15, 91 S.Ct. 1780, 29 L.Ed.2d 284 (1971); §§ 16.39 참조.

12) 선거운동에 대한 제한에 관하여 §§ 16.51 참조.

내용에 기초한 모든 처벌이 견해에 기초한 처벌을 포함하지 않는다. 그러나 견해에 기초한 모든 처벌은 내용에 기초한 처벌을 포함한다. 예를 들면, 모든 음란한 영화를 금지하는 법률은 내용에 기초한 것이다. 그러나 대통령을 풍자하는 음란한 영화를 금지하는 법률은 내용에 기초하기도 하고 견해에 기초하기도 한 법률이다. 유사하게 만약 음란한 영화를 금지하는 법률이 정부의 전쟁행위를 비판하는 그래픽에 의한 성적 장면이 나오는 영화에 대해서만 금지한다면, 이는 견해에 기초한 차별에 해당될 것이다. 달리 표현하자면, 이러한 성문의 법률은 음란의 범주로 이를 처벌하지 않겠지만, 오히려 정부의 견해와는 반대되는 반전(反戰)메시지라는 견해로 이를 처벌할 수 있다.

내용중립적 규제

연방대법원은 자주 정부는 표현의 내용과 관련 없이 표현에 대한 합리적인 시간, 장소, 방법의 규제를 제시할 수 있다고 언급하고 있다. 예를 들면, 정부는 시위행진에 대한 합리적인 제한을 할 수 있다. 동일한 거리에서 동일한 시간에 2개의 시위행진은 있을 수 없다. 그러나 정부는 시위행진의 내용이나 메시지에 대한 제한이 있기 때문에 반전(反戰)시위행진을 금지할 수 없다.

만일 어떤 표현에 대한 제한이 내용에 기초한 것이라고 판단하는 것은 반드시 명확한 것은 아니다. 만약 우리가 어떤 사람이 시장(市長)을 비판하는 표현을 하였기 때문에 체포되었다고 들었다면, 그러한 정보에 대한 즉각적인 반응은 정부가 수정헌법 제1조를 위반했다고 추정할 수 있다. 그 체포에 관한 세부적 설명은 우리의 생각을 변화시킬 수 있다. 어떤 사람이 새벽 2시에 사설병원 근처의 사유지 주

차장에 침입하여 자신의 생각을 표현하고 설명하기 위해 휴대용 확성기를 사용한다고 가정해 보자. 수정헌법 제1조는 정부가 그 시간(새벽 2시), 그 장소(병원 근처의 사유지), 그 방법(병원환자에게 해로운 방식의 확성기 사용)의 표현을 통제하는 것을 금지하지 않는다.

시간, 장소, 방법의 규제는 우리 사회에서 표현의 총량을 제한하는 부수적 효과를 낳는다. 그러나 어느 정도 시간, 장소, 방법의 규제는 우리가 우리 사회의 질서의 외형을 지녀야 한다면 존재해야만 한다. 그 이유는 시간, 장소, 방법의 규제는 어떤 특정한 메시지를 억압하기 위해 고안된 것이 아니고 사법심사의 가장 엄격한 형태도 될 수 없기 때문이다. 다시 말하면, 시간, 장소, 방법의 규제는 정부의 절박한 이익을 위해 명확하게 규정될 필요는 없다.

표현에 대한 시간, 장소, 방법의 규제가 정부의 절박한 이익 심사를 받지 않는 반면, 연방대법원은 정부가 시간, 장소, 방법의 규제라고 주장하는 어떤 법률의 합헌성을 무비판적으로 인정하지 않을 것이다. 적법절차와 평등보호 사건에서 어떤 기본적 권리나 특별한 차별에 해당되지 않았을 때, 연방대법원은 정당한 이익에 합리적으로 관련되어 있는 한도에서 그 법을 인정하였다.13) 만약 연방대법원이 '합리성 심사기준'하에서 모든 시간, 장소, 방법의 규제를 승인하게 된다면, 정부가 우리 사회에서 표현의 총량을 심히 억압할 수 있을 것이다. 그 이유는 연방대법원은 시간, 장소, 방법의 규제에 있어서 '중간적 심사기준'(단순한 합리성 심사기준과 절박한 이익 심사기준 사이의 중간기준)을 채택하고 있기 때문이다. 이 중간적 심사기준 방식은 연방대법원이 단순한 합리성심사 시의 접근보다는 법률에 더 세밀한 접근을 하나, 절박한 이익 심사기준에 의해 심사받는 법률을 심사하는 엄격한 사법심사에까지는 이르지 않는다.

---

13) 평등보호 조항에서의 사법심사기준에 관하여는 § 18.3 참조.

연방대법원이 시간, 장소, 방법 사건에서 사용하는 '중간적 심사기준'(중간적 방식)은 3부문 심사와 관련된다. 표현의 시간, 장소, 방법의 규제가 인정되기 위해서는 그 법률의 규정이 표현을 억압하기 위한 것과 무관한 중요한 정부이익을 촉진하기 위하여 명확하게 규정되어야 한다. 이른바 상징적 표현 사건[14]에서 최초로 발전된 이 원칙은 표현에 대한 시간, 장소, 방법의 규제를 심사하는 데 사용될 때 3부문 심사가 된다. 표현에 대한 시간, 장소, 방법의 규제 또는 그 밖의 수정헌법 제1조상의 행위가 인정되기 위해서는 (1) 내용중립적이어야 하고, (2) 중요한 정부이익을 위해 명확하게 규정되어야 하고, (3) 의사소통의 충분한 대안적 매체가 열려 있어야 한다.[15]

시간, 장소, 방법 심사기준의 가장 중요한 부문은 법률이 문면상 및 적용상 모두 내용중립적이어야 한다는 조건이다. 내용에 관하여 중립적이지 않는 법률은 시간, 장소, 방법의 규제로서도 인정될 수 없다. 내용중립적이지 않은 법률은 엄격심사에 의해 견딜 수 있을 때에만 정당한 법률이 될 것이다.

몇몇 사례에서 이 점을 증명할 수 있다. 어느 도시법이 4평방피트 이상인 1인 가족 주택의 정원 앞에서 모든 표시를 금지하였다고 가정해 보자. 그러한 법률은 내용중립적이고 의사소통의 충분한 대안적 채널이 열려 있는 중요한 정부이익에 기여하기 위해 명확하게 규정되어 있는지에 좌우되는 유효한 시간, 장소, 방법의 법률일 수도 있고 그렇지 않을 수도 있다. 다른 말로 표현하면, 그 법률이 내용중립적이라면, 사법심사의 중간적 심사기준을 견디어내야만 될 것이다.

또한 그 도시법은 사유지 주택의 정원 앞에서 표시가 '음란'한 소

---

14) §§ 16.48, 16.49 참조; United States v. O'Brien, 391 U.S. 367, 88 S.Ct. 1673, 20 L.Ed.2d 672 (1968).
15) § 16.47 참조. 예를 들면, Ward v. Rock Against Racism, 491 U.S. 781, 109 S.Ct. 2746, 105 L.Ed.2d 661 (1989).

재를 포함하는 모든 표시를 금지하였다고 가정해 보자. 문면상 그리고 적용상 그 도시법은 연방대법원이 정의내리는 음란의 정의를 충족하는 문자나 그림을 지닌 표시만 금지하고 있다면, 그 도시법은 비록 내용중립적이 아니더라도 유효할 것이다. 연방대법원은 '음란'은 표현에 해당되지 않고, 주는 음란을 금지할 수 있다고 판단해왔다. 그 도시법이 연방대법원에 의해 '음란'이라고 판단되는 표현의 범주만을 처벌한다면, 그 도시법은 자명하게도 절박한 정부이익을 위해 명확하게 규정된 것이다.

그러면 판매(for sale)의 표시를 금지하는 어느 도시법을 예로 들어 보자. 연방대법원은 개인주택에서 모든 판매표시를 금지하는 도시법을 무효라고 판단했다.16) 이 도시법은 전시하는 메시지의 내용에 기초하여 표시를 금지하기에, 내용중립적이 아닌 내용에 기초한 것이다. 내용에 기초한 도시법이 합헌이 되기 위해서 정부는 그 도시법이 표현의 금지목록상 한정된 목록에 해당되거나 그 도시법을 절박한 정부이익을 위해 명확하게 규정하여야만 한다. 그러나 주택소유자가 자신의 주택을 판매한다고 진실로 주장할 때, 이는 오해를 유발하지 말아야 하고 정부가 금지할 수 있는 상업적 표현의 유형이 아니어야 한다. 판매하려는 주택의 올바른 정보를 금지하는 것은 절박한 정부이익을 증진하기 위해 명확히 규정된 것이 아니다.17)

---

16) Ladue v. Gilleo, 521 U.S. 43, 114 S.Ct. 2038, 129 L.Ed.2d 36 (1994). § 16.31 참조.
17) Ronald D. Rotunda, The Commercial Speech Doctrine in the Supreme Court, 1976 U. Ill. L. Forum 1080 (1976).

상징적 표현(Symbolic Speech)

비언어적 행위도 표현할 수 있다.[18] 상징적 표현이란 단지 행위가 표현되는 것처럼 취급되는 비언어적 행위를 묘사하는 관용어이다. 만약 사람들이 붉은 기를 흔드는 것을 특정한 행위를 취하라는 의미로 이해한다면, 붉은 기를 흔드는 것은 표현의 형태를 띤 것이다. 문제는 주(국가)가 상징적 표현을 금지하거나 규제하는 경우이다.

상징적 표현의 문제는 표현의 시간, 장소, 방법의 규제에 의한 문제와 뒤죽박죽 혼합되어 있다는 것이다. 사실 상징적 표현의 사건과 시간, 장소, 방법의 규제 사건 간의 유일한 차이는 표현처럼 취급되어야 하는 비언어적 행위인지 여부를 판단할 필요성이다.

일반적 기준으로서 정부는 '4부문 심사'를 충족하면, 표현을 제한할 수 있다는 것이다: [1] 정부의 제한이 정부의 헌법상 권한 내에서 행해지고, [2] 중요하거나 실질적인 정부이익을 증진하기 위한 것이고, [3] 그러한 정부이익이 자유로운 표현을 억압하기 위한 것과 무관하며, [4] 수정헌법 제1조상의 자유에 대한 부수적 제한이 정부이익을 증진하기에 필수적이라면 허용될 수 있다. 상징적 표현 사건에서 결정적인 사실은 [3]번째 기준이다. 즉 정부이익이 자유로운 표현을 억압하기 위한 것과 무관하여야 한다.

예를 들면, 정부는 정부의 근본적인 취지가 그 행위의 내용과 관련 없다고 판단하기에 징병카드 소각을 금지할 수 있다. 정부는 징병카드가 징병법안상 각 개인의 지위에 대한 복사본(대용)으로서 유용하다고 주장한다. 이러한 목적은 자유로운 표현을 억압하기 위한 것과 무관하다.[19] 그러나 만약 정부가 *공공의* 징병카드 소각을 금지

---

18) Ronald D. Rotunda, The Politics of Language: Liberalism as Word and Symbol(Univ. of Iowa Press, 1986).
19) United States v. O'Brien, 391 U.S. 367, 376, 88 S.Ct. 1673, 1678, 20

하거나 '경멸할 의도를 지닌' 징병카드 소각을 금지한다면, 징병법안 상 각 개인의 지위에 대한 복사본(대용)을 보유하는 것은 위에 제시한 일반적인 기준인 '4부문 심사'를 충족하지 못하게 된다. 정부는 상징적 행위가 전쟁을 반대하고 특정한 메시지를 전달하려고 하기 때문에 상징적 행위를 금지하려고 한다.

중요한 것은 정부의 의도이다. 즉 정부가 모든 징병대상자를 파악할 필요성은 징병대상자의 징병지위에 관한 복사본을 소지하도록 하는 법에 의해서가 아니라, 소각을 통한 메시지전달과 관련된 결정적인 증거로서 단지 *공공의* 징병카드 소각을 금지하는 법에 의해서이다. 사적 소유인 등기부등본을 소각하는 것을 금지하는 법은 표현의 자유와 무관한 법이다. 그 이유는 그 법의 목적이 소각행위를 수행할 때 표현자의 동기와 관련된 것이 아니라, 그 소각행위로 인한 오염과 관련되기 때문이다.

연방대법원은 중간적 사법심사와 관련하여 표현의 시간, 장소, 방법의 원리를 설명했다. 그 이유는 이전에 연방대법원은 비언어적 행위는 표현에 해당되고, 단지 합리성 심사기준에 의한 법과 소추를 인정하지 않으려 했기 때문이다. 연방대법원이 징병카드의 소각을 금지하는 법이 내용에 기초한 규제가 아니라고 판단한다면, 그 법에 엄격한 사법심사기준을 적용하기보다는 시간, 장소, 방법의 기준을 적용해야 할 것이다. 즉 상징적 표현을 제한하는 법이 내용에 기초한 것이 아니라 내용중립적이라면, 연방대법원은 그러한 법은 절박한 이익을 증진하기 위해 명확히 규정되어야 한다는 것을 정부에게 입증하도록 요구하지 못할 것이다.

연방대법원은 자주 징병카드 소각사건에서 관련된 정부규제의 성격을 유념하면서 어떤 사건과 관련된 특정한 비언어적 행위가 헌법

L.Ed.2d 672 (1968).

상 표현에 해당하는자 여부를 판단하는 것을 회피할 수 있었다. 수차례 비언어적 행위에 적용되고 있던 정부규제는 명백히 특정한 형태의 표현메시지를 억압하도록 계획되었다. 그러한 상황에서 비언어적 행위는 표현이라고 간주되어야만 했다. 그 이유는 정부규제에 있어 유일하게 가능한 이익은 표현의 내용을 제한할 수 있기 때문이다. 징병카드 소각을 포함한 사건들은 표현으로 취급되는 비언어적 행위 중 하나였다. 그 이유는 그러한 법의 목적이 국기를 소각할 때 행위자의 의도 때문에 국기소각자를 처벌하도록 규정하고 있기 때문이다. 국기소각을 금지하는 전형적인 법규정은 경멸을 이유로 국기소각의 경우 국기모욕죄에 해당되게 된다. 국기가 너무 닳게 되어 국기를 처리하는 올바른 방법은 국기에 대한 예의범절인 존경의 표시로 국기를 소각하는 것이다.[20]

정부는 내용중립적인 법을 지지할 수 없었다. 내용중립적인 법은 적색, 백색, 청색의 천으로 된 미국 성조기를 파기하는 것을 금지하지 않았고, 만약 그렇다면 정부가 그러한 법을 제정하는 합리적 정당성이 무엇인지 의심스러워진다. 그 법은 어떠한 색의 천으로 이루어진 국기를 소각하는 것을 금지하지 않았다. 실제로 이러한 법들은 사용한 국기를 처분하는 방법으로서 국기 존중의 방법인 국기소각을 허용했다. 국기를 모욕하는 것을 금지하는 법들은 상징적 표현 및 그 내용과 관련되기 때문에, 연방대법원은 그러한 법들을 무효화하였다. 정부는 그러한 법들이 절박한 이익을 위하여 명확하게 규정되었는지를 입증할 수 없었다. 연방대법원은 국기파기를 정부가 금지할 수 있었던 음란 등과 같은 표현의 한정된 유형에 포함시키는 것을 거부했다.[21]

---

20) Peter Maggs & Ronald D. Rotunda, Meanwhile, Back in Mother Russia, Legal Times(of Washington, D.C.), Oct. 2, 1989, at 35.
21) Texas v. Johnson, 491 U.S. 397, 109 S.Ct. 2533, 105 L.Ed.2d 342

Virginia v. Black 사건22)에서 대법원의 다수의견은 타인을 위협할 의도를 지니고 십자가를 소각하는 것을 금지한 버지니아(Virginia) 주법을 지지했다. 타인을 위협할 의도를 지니고 십자가를 소각하는 것을 금지한 버지니아(Virginia) 주법은 내용중립적인 법으로 간주될 수 없었다. 왜냐하면 그 주법은 특정한 형태의 표현을 금지하는 것을 지향했기 때문이다. 즉 위협이란 타인을 위협하는 것을 예정한 것이다. 십자가 소각은 표현을 제한하는 법으로 적용하여야 했다. 그 이유는 십자가 소각을 금지하는 유일한 이유는 진정한 위험을 억제하기 위한 것이었다.

연빙대법원은 그 수법이 내용 관련적이지만, 대법원의 다수의견은 그 주법이 특별한 개인에 대한 진정한 위협이라는 절박한 이익에 기여하도록 명확하게 규정되었다고 판정하였기에 그 주법을 지지하였다. 이러한 위협 또는 협박은 수정헌법 제1조의 근본적 가치를 평가절하함 없이 전면적으로 금지할 수 있는 위험이 현존하는 '투쟁적 언사'(fighting words)의 형태였다.

상징적 표현 또는 비언어적 행위는 표현이다. 그러나 다른 표현과는 달리, 주(州)는 내용과 관련 없이 시간, 장소, 방법의 적용기준이라는 합리적 기준을 적용할 수 있다. 미국 외교정책결정에 항의하는 의미로 미국 성조기를 소각하기 원하는 한 개인이 있다고 가정하자. 이 사람은 더 이상 미국시민으로서 자랑스럽지 않다는 표시를 하면서 거리에서 국기를 소각하는 것이다. 만약 그 사람이 국기를 모욕한다는 이유로 체포되었다면, 국기소각은 헌법상 상징적 표현으로 보호받기 때문에 그 사람은 처벌될 수 없다. 그러나 그 사람은 국도에서 어떤 물건의 소각을 금지하는 내용중립적인 환경법하에서는 처

(1989); United States v. Eichman, 496 U.S. 310, 110 S.Ct. 2404, 110 L.Ed.2d 287 (1990).
22) 538 U.S. 343, 123 S.Ct. 1536, 155 L.Ed.2d 535 (2003).

벌될 수 있다. 달리 표현하자면, 그 사람은 나뭇잎이 아닌 국기를 소각하기로 결정했기 때문에, 대기오염방지법을 위반할 일은 없는 것이다. 국기소각은 표현이기 때문에, 연방대법원은 당해 환경법이 *표현을 억압하기 위한 것과 무관한*, 중요하거나 실질적인 정부이익을 증진하기 위해 명확히 규정되었는지 여부를 심사할 것이다.

 (1) 그 환경법이 문면상 또한 적용상 진실로 내용중립적이었고, (2) 국도에서 모든 물건의 소각을 금지하는 환경법이 보건이나 환경적인 문제에 있어서 실질적이거나 중요한 정부이익을 증진하기 위하여 명확하게 규정되어 있었고, (3) 일반적으로 사람들이 스모그 제한 법령을 위반함 없이 반정부적 견해와 메시지를 표현할 충분한 대체수단을 지녔다고 연방대법원에 의해 판단된다면, 연방대법원은 그 환경법에 의거하여 국기소각자에 의한 대기오염에 대해 유죄판결을 지지했을 것이다.

내용에 기초한 규제와 내용중립적 규제가 혼재된 문제

연방대법원은 가끔 표현을 규제하는 모든 법은 내용중립적인 합당한 시간, 장소, 방법의 규제여야 하거나 내용에 기초한 법이거나 절박한 정부이익을 증진하기 위해 명확히 규정되어 있는 법이어야 한다고 말하고 있다. 그러나 여러 가지 고려에서 연방대법원은 내용에 기초한 듯이 보이나 메시지를 완전히 금지하지 않는 법을 지지하거나 특정한 상황에 영향을 미치는 특정한 형태의 내용을 지닌 법을 지지한다.[23]

---

23) Daniel A. Farber / John E. Nowak, The Misleading Nature of public Forum Analysis: Content and Context in First Amendment Adjudication, 70 U. Va. L. Rev. 1219 (1984). 또한 Ronald D. Rotunda & John E.

예를 들면, 연방대법원은 청소년들이 방송을 시청할 수 있는 시간대에 라디오와 텔레비전 채널을 통한 성행위 방송 등 특정한 형태의 표현을 금지하는 것을 인정하였다. 정부가 케이블이나 인공위성 시스템을 통해 전달되는 성인물을 청취하는 것으로부터 청소년들의 보호를 위한 내용금지와는 다른 방법인 반면, 이러한 사건은 방송의 기술적 측면에서 방송전파를 통해 미성년자에게 부적합하다고 알려진 성인물을 미성년자가 시청하는 것을 차단하기 어렵다는 것을 인식함으로써 충분히 이해될 수 있다. 청소년들을 보호하려는 정부의 이익은 환경을 보호하려는 정부의 이익과 동일한 것이다. 때때로 방송전파를 통해 여과되지 않은 표현을 청소년들이 청취할 수 있을 때, 환경상 특별한 효과를 나타낸다. 정부는 이러한 여과되지 않은 표현을 완전히 추방할 수는 없을 것이나, 청소년 보호라는 사회적 이익을 증진하기 위해 이러한 표현을 제한할 수 있을 것이다.

연방대법원은 도시나 시내지구에 성인오락을 위해 분리지역을 설치하는 법률을 지지하였다.24) 이 사건에서 연방대법원은 성인오락을 위해 분리지역의 필요조건을 규정하는 법률은 내용중립적이어야 한다고 주장하였다. 그러나 여기서 오락이 '성인오락'에 해당된다는 판단은 정부가 그 내용을 조사해야 한다는 것을 의미한다. 성인물을 포함한 오락 등 특정한 형태의 오락을 위한 장소를 규율하는 분리지역법에서 내용중립성의 사고라는 것은 전적으로 법적 의제(擬制)이다. 만약 그러한 분리지역이 있는 도시에 사는 한 극장주인이 자신의 극장이 어디에 위치하고 있는지를 알고자 원한다면, 성인오락을 위해 구분된 지역에 한정된 것인지 또는 일반적인 영업목적과 일반적인 오락목적을 위해 구분된 지역에 극장을 건축할 수 있는지를 알

Nowak, Treatise on Constitutional Law: Substance and Procedure, Chapter 21 (3rd ed. 1999).
24) § 16.61(d) 참조.

기 위해 상영하려는 영화의 내용을 판단해 보아야 할 것이다.

이러한 분리지역 사건에서 연방대법원은 표현의 내용이 성인적이라는 것은 표현을 억압하려는 것과 무관하게 정부이익에 다른 영향을 미친다고 강조하였다. 즉 이러한 정부이익은 오락지역에 가까이 위치한 필지의 토지재산에 대한 재산가치이다. 어떤 형태의 행동은 경제적 행동의 장소를 둘러싸고 있는 부동산의 가격에 영향을 미치는 부수적인 경제효과를 가질 수 있다. 명백히 이웃에 성인극장이 위치하고 있는 것이 청소년 전용극장이 위치하는 것보다 주변의 주거재산의 부동산가격에 보다 중대한 영향을 미친다. 분리지역 사건에서 분리지역법은 성인오락이 전달하는 메시지를 완전히 배제하지 않았다.

수정헌법 제1조의 문제를 가지고 분석할 때는 누구든지 개별적인 사건에서 문제되는 법률이 규정된 그대로 완전히 내용중립적인지를 따져보아야 한다. 만약 그 법률이 내용중립적이라면, 그 법률은 시간, 장소, 방법 규율로서 인정될 수 있을 것이다. 만약 분리지역법이 진실로 메시지나 견해를 금지하려고 고안되었다면, 그 법률이 연방대법원이 판시해왔던 전적으로 금지할 수 있는 표현의 범주(예를 들면, 음란)를 규정하고 있을 때에만 또는 정부가 그 금지목록을 절박한 정부이익에 기여하도록 명확하게 규정하였다는 것을 입증할 수 있다는 대안이 존재하는 한도에서 분리지역법은 지지될 수 있을 것이다.

연방대법원이 표현을 억압하기 위한 것과 무관한 이익의 효과 때문에 표현의 내용이 통제될 수 있는 경우를 판단할 지침을 명확히 확립해 놓지 않았을지라도, 몇몇 사건에서 연방대법원은 표현의 내용이 환경에 특별한 효과를 미치기 때문에 정부가 특별한 상황에서 표현을 제한하는 것을 허용하였다. 연방대법원은 정부행위가 내용에 기초하였으나, 특정한 형태의 상황에 그 표현내용의 효과가 미치도

록 고안되고 몇몇 형태의 표현이나 메시지에 대한 정부의 금지목록
에 포함되지 않는 경우, 엄격한 사법심사보다 완화된 사법심사의 형
태를 사용하고 있다.

예를 들면, 연방대법원은 물론 정부가 미국 연방대법원 근처의 도
로에서 행하는 모든 표현을 금지하는 것을 허용하지는 않지만,25) 재
판을 방해할 의도를 가지고 법원 근처에서 행하는 표현을 금지하는
것을 허용하였다.26) 안타깝게도 이러한 연방대법원의 의견은 일반법
원 근처의 표현과 연방대법원 근처의 표현 사이의 차이를 사려 깊게
설명하지 못했다.

포럼(Forums) 또는 포라(Fora)의 상이한 형태의 구별

정부가 정부소유의 재산(도로, 공용물)상에서 또는 정부소유의 통
신매체(예를 들면 국공립학교 신문 또는 국공립대학교 내 메일시스
템)를 통한 표현을 제한할 때, 연방대법원은 그러한 문제와 관련된
형태의 포럼(forum)이라는 용어로 표현에 대한 제한을 분석한다. 포
럼 분석은 사적 재산 또는 사적 소유의 통신매체에 적용하는 것이
아니라, 정부소유의 재산에만 적용된다. 만약 정부가 사립학교나 사
적 소유의 저택에서의 표현을 통제하고자 한다면, 그 문제의 분석은
정부가 특정한 형태의 포럼(forum)에서 표현을 제한할 수 있는지 여
부와 관계없다.

연방대법원은 모든 형태의 정부소유재산을 3가지 형태의 포라
(fora) 또는 포럼(forums)으로 구분한다. 정부소유재산은 '공공포럼',

---

25) United States v. Grace, 461 U.S. 171, 103 S.Ct. 1702, 75 L.Ed.2d 736
    (1983).
26) Cox v. Louisiana, 379 U.S. 559, 85 S.Ct. 476, 13 L.Ed.2d 487 (1965).

'제한된 공공포럼' 또는 '비(非)공공포럼'으로 나눌 수 있다.

공공포럼(public forum)은 예를 들면 공용도로와 공원 등 전통적으로 공적 담론을 위해 개방된 형태의 정부재산이다. 공공포럼에서의 표현을 통제하려고 할 경우 일반적 법칙으로 정부는 내용중립적 시간, 장소, 방법 규제를 사용해야 한다는 것이다.

또한 부가적으로, 어떤 표현이 비록 정부에 의한 금지가 내용에 기초된 것이라도 정부가 금지할 수 있다고 연방대법원이 판시한 범주의 표현에 해당되면, 정부는 공공포럼에서 그 표현을 제한할 수 있다. 다시 말하면, (1) 표현이 연방대법원에 의해 주(州)가 전적으로 금지할 수 있다고 판시한 범주의 표현(예를 들면, 도로에서 음란한 공연)에 해당하거나, (2) 연방대법원이 판시한 대로, 내용에 기초한 금지가 정부의 절박한 이익을 증진시키기 위해 필요한 경우이다.

제한된 공공포럼(limited public forum), 지정된 공공포럼(designated public forum), 그리고 시간제 공공포럼(part-time public forum)이라는 용어는 실제로 대체가능한 용어이다. 법원과 학자들은 이러한 용어들은 공적 담론을 위해 개방되기는 어렵지만, 정부가 임시로 공적 담론을 위해 매체나 재산을 개방하기로 결정하는 정부소유의 통신매체나 정부재산이라고 지칭하여 사용하고 있다.

공공포럼(public forum)의 형태는 일반적으로 선판례가 있기에 판단하기 어렵지 않다. 제한된 공공포럼(limited public forum)은 정부가 소유하는, 그리고 미국의 역사와 전통상 공적 담론을 위해 개방되기를 기대하기 어려운 통신매체나 장소이다. 그럼에도 불구하고 재산을 소유하고 통제하는 정부는 공적 표현에 그 재산을 개방하기로 결정했다. 예를 들면, 국공립학교의 교실이 학습목적으로 사용되지 않을 때, 정부는 그 교실을 폐쇄해야 하고 일반 대중은 그 교실을 사용할 권리가 없다. 그러나 만약 국공립학교를 통제하는 정부가 학기 중이 아닐 때 그 교실을 일반대중이 사용할 수 있도록 결정했다면, 이 경우 정부는 그 교실을 제한된 공공포럼(limited public forum)으로 전환한 것이다.

정부는 전통적인 공공포럼을 폐쇄할 수 없다. 정부는 정부의 의료보장정책에 반대하는 표지를 들고 공용도로를 걷는 사람을 금지시킬 권한이 없다. 그러나 정부는 내용에 기초해서 차별하는 방식이 아닌 한, 제한된 공공포럼을 폐쇄할 수 있다.

만약 정부가 내용에 기초해서 차별한다면, 동일한 이유로 정부는 내용에 기초해서 어떠한 표현도 금지할 수 있다. 즉 이러한 표현은, 예를 들면, 그 표현이 음란하거나 그 규율이 절박한 정부이익을 증신하기 위해 명확하게 규정되어야 하는 경우 등, 정부가 금지할 수 있다고 연방대법원이 판시한 범주에 해당하는 그러한 표현이다. 이는 정부가 내용에 기초해서 규율하려고 시도하는 모든 표현에 적용되는 동일한 기본적인 심사기준이다. 이러한 범주는 더 세밀한 방법으로 모든 문제들을 검토하면 그리 방대하지 않다.

예를 들면, 만약 정부가 국공립학교의 교실을 일반대중의 담론장소로 개방한다면, 종교단체가 수업 후 회합을 위해 그 교실을 사용하는 것을 거부할 수 없다.27) 만약 정부가 수업 후 등록된 학생단체(예를 들면, 체스 클럽)에 의한 사용을 위해 국공립학교의 교실을 개방한다면, 정부는 표현의 내용(종교지향적 표현)에 기초한 것이기에 등록된 학생종교단체의 표현을 금지할 수 없다. 주(州)는 다른 학생단체와의 평등에 기초하여 종교학생단체가 주(州)의 재산을 사용하는 것을 금지할 수 없다.

정부가 통신매체를 소유하는 정부소유재산의 마지막 유형은 '비(非)공공포럼'이다. 즉 전통적으로 공적 담론에 개방되지 않았던, 그리고 정부가 공적 담론에 개방하지 않기로 결정했던 정부재산 또는

---

27) 예를 들면, Widmar v. Vincent, 454 U.S. 263, 102 S.Ct. 269, 70 L.Ed. 2d 440 (1981).

정부소유의 통신매체이다. 비(非)공공포럼의 예로는 국공립학교의 학기 중 교실이나 법정이 이에 해당된다.

정부가 비(非)공공포럼에서 표현을 통제하는 방식은 3가지인데, 그 중 2가지는 공공포럼에 대한 정부의 권한을 반영한다. 첫째, 공공포럼 또는 제한된 공공포럼에서와 같이 정부는 내용중립적 시간, 장소, 방법 규제를 사용할 수 있다. 둘째, 공공포럼 또는 제한된 공공포럼에서와 같이 정부는 금지된 표현의 범주 안에 속하거나, 절박한 정부이익을 위해 명확히 규율되기 쉬운 표현을 금지할 수 있다.

세 번째 방식은 약간 다르다. 정부는 만약 그 규제가 (a) (비(非)공공포럼의 용도와 목적의 측면에서) 합리적이고, (b) (정부의 의견과 다른 견해를 처벌하거나 억압하도록 고안된 규율이 아니라는 의미에서) 견해중립적이면, 비(非)공공포럼에서 표현을 제한할 수 있다. 정부가 합리적이고 견해중립적인 규율로 비(非)공공포럼에서 표현을 제한할 수 있다고 생각하는 것은 법원과 학자에게는 일반적인 것이다.28) 비록 정부가 공공포럼 또는 제한된 공공포럼에서 표현에 대한 권한이 있는 것과 더불어 비(非)공공포럼에서 표현행위에 대한 합리적이고 견해중립적인 규율을 정할 정부권한이 있다는 것을 인식해야 할지라도, 이러한 인식은 타당하다.

비(非)공공포럼에서 견해에 기초한 처벌을 하는 것은 정부에게 허용되지 않는다. 예를 들면, 정부는 학교가 학기 중이 아닐 때, 모든 국공립학교의 교실을 폐쇄하도록 결정할 수 있다. 학교가 학기 중일 때는 견해에 기초해서가 아닌, 내용에 기초한 방식으로 표현을 제한할 수 있다. 예를 들면, 학기 중 그 내용이 수학이 아닌, 미국역사를

---

28) § 16.47(c) 참조, 예를 들면, Perry Education Association v. Perry Local Educators Association, 460 U.S. 37, 46, 103 S.Ct. 948, 955, 74 L.Ed.2d. 794 (1983); Cornelius v. NAACP Legal defense and Educational Fund, Inc., 473 U.S. 788, 806, 105 S.Ct. 3439, 3451, 87 L.Ed.2d. 567 (1985).

가르치는 수업시간일 때, 정부는 미국역사를 교육하기 위해 미국역사수업을 예비적으로 확보해 둘 수 있다. 그러나 정부는 견해에 기초한 차별을 할 수 없다. 즉 정부는 선생이나 학생이 다소 미국역사를 비판하는 것을 금지할 수 없다.

다시 말하면, 어느 국공립학교 선생이 두 학생이 야구에 관하여 떠들기 때문에 수학수업시간에 퇴실시켰다고 가정하자. 이러한 표현의 제한은 내용에 기초한 것인데, 왜냐하면 수학에 관한 표현은 야구에 관한 표현과 구별되기 때문이다. 비록 정부가 공공도로에서 야구에 관한 표현을 금지할 수 없지만, 정부는 교육환경의 영향력 때문에 수학수입시간에 야구에 관한 표현을 금지할 수 있다. 그러나 정부는 견해에 기초한 차별을 할 수 없다. 만약 두 학생 중 한 학생이 시카고 첩스(Chicago Cubs) 팬이고, 다른 학생이 세이트 루이스 카디날스(St. Louis Cardinals) 팬이기 때문에 야구토론을 했을 때, 그 국공립학교 선생과 학교가 두 학생 중 한 학생(그 학교가 지지하는 팀의 학생)만 처벌하기로 결정했다면, 수정헌법 제1조를 위반하게 된다.

문면상('Facial') 및 적용상('as Applied') 수정헌법 제1조상 소제기

여러 일반적인 영역에서 사법부가 법률을 문면상(on its face) 무효화시키는지 아니면 단지 적용상(as applied) 거부를 조건으로 법률을 존속시키는지에 대한 문제에 고심하는 사건들을 볼 것이다. 연방대법원이 어느 법률을 문면상 무효화시켰다면, 이는 그 법률을 완전히 무효화하는 것이다. 만약 피고인이 어느 법률을 문면상 소송을 제기할 때, 피고인은 실제로 다음과 같이 말할 것이다. '본인에게 적용되고 있는 이 법률은 전적으로 무효이며, 따라서 어떠한 사정하에서도 어느 누구를 처벌하는데도 사용될 수 없다. 만약 주가 더 개선된 법률을 시행했더라면, 본인의 발언은 수정헌법 제1조에 해당되어 처벌할 수 있었을지라도, 그 법률이 전적으로 무효이기 때문에 본인을 처벌할 수 없다고 판단 내려야 한다.'

연방대법원은 어느 법률이 무효인지를 판단할 때, 법률상의 규정뿐만 아니라, 법원과 행정부가 그 법률규정을 해석하는 방식도 심사한다. 연방대법원은 어느 법률이 모호하거나(적법절차와 수정헌법 제1조의 관심사가 혼합된 개념) 실제적으로 광범위하면(그 법률이 수정헌법 제1조에 해당되지 않기에 처벌할 수 없는 표현을 처벌하기 때문) 그 법률을 문면상 무효화할 것이다.[29]

만약 어느 법률이 문면상 무효가 아니라면, 소송당사자는 여전히 구체적인 사건에 있어서 적용상 무효라는 것을 주장할 수 있다. 어느 법률에 대한 적용상 거부에 있어서, 실제로 법률을 위반하여 소송이 제기된 피고인은 다음과 같이 말하고 있다. '비록 그 법률이 문면상 합헌일지라도, 본인은 본인이 행한 것에 대해 그 법률에 의거하여 유죄판결을 받을 수 없다.'

사전제한에 관한 결어

정부가 표현을 전파하고 공표 및 언급하는 것을 방지하거나 또는 다른 방법으로 사상의 자유시장에 진입하여 화자(話者) 이외의 다른 사람에게 표현되는 것을 방지하려는 공식적인 정부의 방식으로 '사

---

29) §§ 16.8－16.10 참조.

전제한'을 사용하려고 한다면, 특별한 문제와 직면하게 될 것이다.

불법으로 간주되는 표현에 대하여 중형을 부과하는 것은 사람들로 하여금 표현을 주저하게 한다. 그러나 표현에 대한 사후적인 처벌은 발언되기 전에 표현을 방지하는 사전제한과는 다른 것이다.

음란한 영화를 상영한 영화관 주인에게 주가 50년의 실형을 부과하였다고 가정해 보자. 50년의 실형을 받을 수 있다는 가능성 때문에 영화관주인들은 대법원 판결의 요건하에서 음란하지 않을 것이 확실한 영화를 상영하기보다는 어떠한 영화도 상영하지 않을 것이다. 그럼에도 불구하고 이러한 법률은 법적 용어로서 사전제한이 되시는 않는다.

사전제한은 법률에서 영화가 국가행정위원회에 의해 먼저 허가될 때까지는 그 영화의 상영을 금지하는 경우 발생한다. 사람들에게 영화상영을 금지하는 법원의 금지명령(injunction)은 사전제한의 또 다른 형태이다.

사후적인 처벌보다 사전제한은 매우 효과적으로 대중에 전파되는 사상을 방지한다. 사전제한의 여러 논의는 다양한 관점에서 이하의 장(章)에서 나타난다.30)

---

30) §§ 16.16, 16.17, 16.46, 16.47(c) 참조.

02

역사적 배경 소개

표현의 자유는 서양 민주주의 이론의 뛰어난 권리로, 즉 개인적 자유에 대한 시금석의 하나로 인식되었다.31) 카도조(Cardozo) 대법관은 표현의 자유를 "거의 모든 다른 형태의 표현에 필수적 조건, 즉 모체(母體)"라고 묘사했다.32) 그러나 이러한 민주주의 이론의 적용결과는 더 신랄한 공적 논쟁을 불러일으켰다. 홈즈(Holmes) 대법관이 기술한 바대로 "……우리에게 동조하는 사람들을 위한 자유로운 사고(思考)가 아니라, 우리를 싫어하는 생각을 위한 자유이다……."33) 그

---

31) Keady, D. J., quoting Treatise, in Dunagin v. City of Oxford, 489 F. Supp. 763, 769 (N.D.Miss1980), reversed on other grounds 701 F.2d 335 (5th Cir.1983) (per curiam); Waters, C. J., citing Treatise in, Knights of the Ku Klux Klan v. Arkansas State Highway & Transportation Dept., 807 F.Supp. 1427, 1433 (W.D.Ark.1992).

32) Palko v. Connecticut, 302 U.S. 319, 327, 58 S.Ct. 149, 152, 82 L.Ed. 288 (1937).

33) United States v. Schwimmer, 279 U.S. 644, 654－55, 49 S.Ct. 448, 451, 73 L.Ed. 889 (1929) (dissenting opinion).

리고 그것은 민주주의 이론이 가장 지속적인 가치를 지니게 한다. 여기서 수정헌법 제1조의 법문에 의해 생각해왔던 표현의 자유 시스템에 대한 이해의 어려움과 중요성을 강조했던 토마스 에머슨(Th. Emerson) 교수의 지혜를 쉽게 느낄 수 있다.

"표현의 자유이론은 세밀하고 복잡한 이론이다. 표현의 자유이론은 보통시민에게 자연스럽게 다가오는 것이 아니라, 학습이 필요하다. 표현의 자유이론은 각 세대를 위해서뿐만 아니라, 각각의 새로운 상황을 위해서도 다시 표현되고 되풀이되어야 한다."[34]

---

34) Thomas Emerson, Toward A General Theory of the First Amendment, 72 Yale L.J. 877, 894 (1963). Van Alstyne, A. Graphic Review of the Free Speech Clause, 70 Calif.L.Rev. 107 (1982) 참조.

03

영국의 배경

1) 서 론

표현의 내용을 불문하고 표현하는 사상에 대한 개발도상국들의 비우호적인 태도는 중세시대로부터 계승된 사회의 권위주의적 본성의 자연스러운 발로였다. 정치적 권위는 종교적 권위로부터 그 정당성이 추론되고 그 종교적 권위의 진실은 신의 계시에 의해 결정된다. 그러므로 논쟁은 정부와 교회에서 무오류의 대리인을 통해 신에 의해 해결되었다. 이러한 종교적 권위를 반대하는 것은 불법일 뿐만 아니라 저주받는 것을 의미했다. 종교적 권위에 대한 반대자는 영적인 필요가 없는 것과 마찬가지로 정부가 정치에 민감할 때 정부는 그 반대자에 대해 참을 필요가 없게 된다. 신권(神權)이 사라지면서,

국민에게 정부 지원을 위한 세금을 내게 해야 하고, 징병에 복종시키기 위해서 정부는 여론을 유도해야 하는 것은 필수적이었다.35)

영국에서 이러한 상황이 왕과 의회 사이의 우월성에 대한 계속된 쟁투뿐만 아니라 영국과 로마교회 사이의 분열에 의해 악화되었다. 그래서 독립선언 전 3세기에 국왕은 왕권에 적대적인 사상에 대해 탄압을 명했다. 사상탄압을 하기 위한 2가지 주요한 방법은 '문서선동죄'(Seditious Libel)원리와 '표현의 허가와 제한'이었다.36)

2) 문서선동죄

국가나 공무원을 비난하는 성명서를 공표하는 것은 문서선동죄로 간주되었다. 국왕재판소에서 발달되었고, 보통법법원에서 사용된 행위이론(Theory of the action)은 국민의 비판이 미치지 못했다. 그러므로 정부에 대한 비판적인 여론의 공표는 형사상 폭행죄를 구성했다. 진리라고 생각되는 것에는 문서로써 정부에 대해 비방하는 것은 포함되지 않게 되었다.37)

---

35) Lord Holt in Rex v. Tuchin, Holt 424 (1704) 참조.

36) 추정적인 반역죄(Constructive Treason). 1 H. Taylor, The Origin and Growth of the English Constitution 511 (1898); 3 H. Taylor, The Origin and Growth of the English Constitution 250−51 (1911); C. D. Bowen, The Lion and the Throne: The Life and Times of Sir Edward Coke: 1552−1634 (1956), at 200−203 참조.

37) Prosser and Keeton, Handbook of the Law of Torts 771−73 (5th ed. 1984); 2 J. S. Stephen, A. History of the Criminal Law of England 381 (London 1883); L. Levy, Judgments: Essays on American Constitutional History 119 (1972); Z. Chafee, Free Speech in the United States 500

어떤 사람이 정부에 대한 비방을 공표하려는 의도만 있으면, 그는 자신과 관련된 사람과 함께 단지 과실이 인정됨에 의해서 반란행위에 대한 의사를 증명할 필요 없이 불법적으로 행동한 것으로 평가된다.38) 이러한 공소는 활발히 행해졌고, 결국 의회는 유·무죄에 대한 일반적 평결로 몰아갈 수 있는 배심원에게 유죄의 판결을 하도록 전환한 1792년 폭스 문서명예훼손법(Fox's Libel Act)39)을 제정하였다. 더 이상 판사는 비방의 공표에 대한 증명만으로 피고인의 유죄를 배심원에게 인정하도록 지시할 수 없었다. 폭스 문서명예훼손법 제정 후 영국에서 선동죄의 기소는 부끄러운 일로 계속되었다. 그러나 폭스 문서명예훼손법은 여전히 표현의 자유의 보호수단으로 기능했다.40)

3) 사전제한(Prior Restraints)

1694년까지 영국작가들의 저술 공표에 따른 처벌은 허가제와 병행하고 있었다. 출판하려는 모든 저작은 출판 전(前)에 허가받아야 했다. 허가 없이는 합법적인 출판이 될 수 없었다. "표현의 자유를 위한 투쟁은 주로 허가권자의 권한이라는 측면으로 집중되었다."41)

(1941).

38) Z. Chafee, Free Speech in the United States 19 (1941). Mayton, Seditious Libel and the Lost Guarantee of a Freedom of Expression, 84 Colum.L.Rev. 91 (1984).

39) 32 Geo. 3, c. 60 (1792). J. S. Stephen, A History of the Criminal Law of England 340-49 (1882).

40) Z. Chafee, Free Speech in the United States 23, 35 (1941).

스토리(Story) 대법관은 그의 헌법주해서에서 간결하게 검열의 역사를 요약하고 있다.

검열 후에 인쇄하는 방식은 단지 한 국가의 문제로 간주되었는데, 이는 다른 국가에서와 마찬가지로 영국에서도 그러했고, 왕실의 강압을 받기 쉬웠다. 이러한 방식은 왕의 칙령, 금지영장, 특권헌장, 허가에 의해 영국에서 규율되었고, 마침내 왕실재판소의 판결에 의해서도 규율되었다. 그리고 왕실재판소는 사전에 정당한 허가권자에 의해 허가되어 사용하는 인쇄기와 압축기의 수를 제한했고 새로운 출판을 금했다. 1641년 이러한 적절치 않은 관할권의 파탄으로 찰스 I 세의 장기의회는 왕실재판소가 원심적 허가권을 가진 것으로 인정되었다. 찰스 I 세의 사형 후 공화제 기간 동안 왕실재판소는 허가권의 목적으로 규칙을 발했고, 1637년에 주로 왕실재판소 판결을 근거로 평결하였다. 찰스 II 세의 복귀 후, 그러한 종류의 법령은 의회의 규칙으로부터 약간의 변경을 가한 채 통과되고 모방되었다. 그 법령은 1679년 폐지되었고, 1688년 혁명 후 몇 년 동안 개정되어 계속되었다. 많은 시도들이 정부에 의해 실시되었으나, 1694년 폐지되고 그 이래로 다시 부활되지 않았던 것은 의회가 강하게 반대했기 때문이다.[42]

---

41) Lovell v. Griffin, 303 U.S. 444, 451, 58 S.Ct. 666, 669, 82 L.Ed. 949 (1938), opinion conformed 57 Ga.App. 901, 197 S.E. 347 (1938).
42) 2. J. Story, Commentaries on the Constitution of the United States, § 1882 (5th ed. 1891).

04

식민지의 배경

비록 신대륙에 초기 이민이 유럽에 만연한 것은 억압된 종교정치의 탓으로 돌릴 수 있겠지만, 반면 식민지 미국사회에 자유로운 의사소통이라는 자유화경향은 볼 수가 없었다. "식민지 미국은 폐쇄되고 고립된 영토로 산재되어 있는 개방된 사회였고, 사람들은 일반적으로 안전과 위안을 가지는 동신자(同信者)와 함께 정착할 수 있었고 직권남용의 행사가 가능했다."43)

존 피터 젠거(John Peter Zenger) 재판

영국에서 검열의 사용의 감소는 확실히 미국독립전쟁 전에 미국에

---

43) J. Roche, American Liberty: An Examination of the "Tradition" of Freedom, in Shadow and Substance: Essays on the Theory and Structure of Politics 11 (1964).

서 검열이 사라지는 데 기여하였다. 그러나 문서선동죄 원리는 대서양의 양쪽(영국과 미국)에 여전히 유효했다. 비록 뉴욕 출판업자 존 피터 젠거(John Peter Zenger)가 식민지에서 선동죄로 마지막으로 1735년 기소가 되었지만, 그 후에 수년 동안 그 기소의 위협은 중단되지 않았다.44)

젠거의 재판은 미국에서 자유로운 표현의 이름으로 행해진 첫 번째 유명한 판결이다. 젠거는 식민지 의회를 싫어하는 뉴욕주지사 코스비(Cosby)의 정치를 비판하는 기사를 출판했다. 탁월한 변호사인 앤드류 해밀턴(Andrew Hamilton)으로 구성된 피고인 측은 그 범죄에 대한 적정한 변호가 있어야 한다는 주장에 초점을 두었다. 해밀턴은 배심원단에 의해 유죄가 인정된다면 식민지의 일에 대한 국왕의 간섭이 이미 매우 불쾌하다는 이유로 자신의 의뢰인이 무죄임을 변호해야 한다고 생각했다. 여기서 해밀턴이 내세운 입장은 표현의 자유에 대한 명백한 자유주의적 이론은 아니고, '여론(興論)'에 따라 기사를 출판하는 표현의 권리일 뿐이다.

연방대법원은 해밀턴의 주장을 기각했으나, 해밀턴은 배심원들이 선동법을 고려하지 않고 무죄의 평결을 내리도록 설득하는 데 성공했다.45)

식민지 의회의 관행

일반국민에 의해 선출된 의회는 의회정치를 비판하는 출판업자에 대해 약식재판모욕절차(summary contempt procedures)를 통해 다소

---

44) Z. Chafee, Free Speech in the United States 21 (1941).
45) Lord Campbell's Act, 6 & 7 Vict. (1843), c. 96 참조.

가혹한 처벌을 부과했다. 정부를 비판하며 표현할 자유는 이론적으로는 소중히 여겨졌으나, 실제상 그 시대의 정치와 관련된 소송은 교묘하게 조작되었다.[46)

비록 자유로운 표현의 문제는 전반적으로 독립전쟁에 대한 일반적 논쟁과 관련되었고, 헌법이 기초된 그 시대에 있어 보통법의 관점은 1765년 처음 출판된 블랙스톤(Blackstone)의 주석서에 표현된 것을 일반적으로 인정한 것이다. 그 당시에 검열의 관행은 쇠퇴되었음을 기억해야 하나, 선동법은 여전히 존속했다.[47) 블랙스톤(Blackstone) 대법관이 지적한 대로, 그 당시에 주요한 초점은 사전제한(prior restraint)의 금지였다.

> "표현의 자유는 진실로 자유주의 국가의 본질에 필수적이다. 그러나 이는 출판에 있어 사전제한이 없음에 있지, 출판한 후 형사상 책임으로부터 자유로움에 있지 않다. 자유로운 모든 사람은 대중 앞에서 자신이 원하는 어떠한 의견이든 개진할 권리를 확실히 가진다. 이를 금하는 것은 표현의 자유를 말살하는 것이다. 그러나 그가 부적절하거나 타인을 해하거나 불법적인 것을 출판하면 그는 자신의 만용의 결과를 달게 받아야만 할 것이다."[48)

---

46) L. Levy, Judgments: Essays on American Constitutional History 125−34 (1972) 참조.

47) 2 T. S. May, Constitutional History of England 9n (2d ed. 1912).

48) Commentaries on the Laws of England, Book Ⅳ pp.151−152 (T. Cooley ed., Chicago: 2d ed., rev. ed. 1872).

05

수정헌법 제1조의 제정

연방헌법 제정기초자들은 자신들이 예상한 정부는 열거된 권한에 한정되고 헌법적으로 자유로운 표현의 원칙을 침해하는 법을 제정할 수 없다는 믿음을 확실히 유지하였기에, 표현의 자유의 일반원칙을 지지하는 규정을 헌법초안에 포함시킬 필요를 느끼지 못했다. 그러나 국민은 정부의 간섭으로부터 개인의 권리를 보장하는 명료한 표현을 요구했다. 이러한 국민의 요구는 1791년 권리장전(Bill of Rights)의 채택에서 최고조에 달하였다. 그래서 수정헌법 제1조는 다음과 같다.

연방의회는 국교를 설립하거나 자유로운 종교행사를 금지하는 법률을 제정할 수 없다. 또한 언론, 출판의 자유나 국민이 평화롭게 집회할 수 있는 권리 및 고충사항의 구제를 위하여 정부에게 청원할 수 있는 권리를 제한하는 법률을 제정할 수 없다.

수정헌법 제1조의 의미에 관해 연방하원에서의 논쟁으로부터 얻을 수 있는 바는 거의 없고, 비준에 있어서 상원이나 주들의 논쟁에 대한 기록에서도 추출할 수 있는 정보는 거의 없다.49) 아마 그들은 특수성을 가지고 논의하는 것은 피해야 한다는 매디슨(J. Madison)의 격언을 따르고 있는 것 같다. 그러나 수정헌법 제1조의 해석은 매디슨이 예상했던 대로 그리 단순하게 입증되지 않았다.50) 비록 최근 몇 년 동안 수정헌법 제1조의 의미가 헌법보장의 확대에 따라 헌법규정보다는 역사적인 관점에 있지만, 수정헌법 제1조의 의미를 고려할 때, 헌법제정 기초자들의 의도에 대한 의문이 계속적으로 발생하고 있다.

채피(Zachariah Chafee) 교수가 주장하는 바는, 블랙스톤(Blackstone)에 의해 설명된 자유로운 표현을 제한할 수 있다는 법적인 견해는 미국에 있어 현실의 대중적 의사가 무제한으로 공적인 것을 토론할 권리가 있다는 것에 의해 보충되었다.

그래서 수정헌법 제1조는 미국에서 검열의 모든 자취를 제거하고 문서선동죄의 생존가능성을 말살하는 이중의 목적을 달성하고자 의도되었다. 검열의 관행이 수정헌법 제1조를 초안잡기 전에 사라졌기 때문에, 채피(Chafee) 교수는 오로지 비존재의 관행에 대한 금지로만 의도되지는 않았다고 주장한다. 채피(Chafee) 교수의 견해에 의하면, 젠거(Zenger) 재판은 식민지 미국에서 문서선동죄에 대한 합헌성을 부정할 뿐만 아니라 자유로운 표현원칙이라는 식민지인들이 품고 있던 믿음의 표현이라고 주장한다.51)

그러나 레오나르드 레비(Leonard Levy) 교수는 표현의 자유에의 명백한 자유주의적 접근방법이 깊이 간직된 원리라는 생각은 단지 '감상적인 환상'이라는 것을 이 당시의 역사적 연구는 입증할 것이라고 주장하였다. 문서선동죄를 폐지하도록 영향을 줄 식민지 개척

---

49) Constitution of the United States: Analysis & Interpretation, 92d Cong., 2d Sess., Senate Document 92-82 (1973), at p. 936.
50) 1 Annals of Congress, 738 (August 15, 1789).
51) Z. Chafee, Free Speech in the United States (1941) at 19-21.

자들의 전통은 없었고, 식민지 개척자들의 행동은 독립전쟁 기간 동
안에 자유로운 표현이 독립투쟁에 우호적 여론을 제시하는 사람에게
만 허용되었다고 지적했다.[52]

외국인법과 치안방해법

수정헌법 제1조를 기초할 때 헌법기초자들의 견해가 무엇이었든
간에, 그 헌법조문의 더 정확한 해석은 1798년의 외국인법과 치안방
해법을 둘러싼 논쟁에 의해 확실하게 인식될 수 있었다.[53] 외국인법
상 대통령은 "대통령이 미국의 평화와 안전에 위태롭다고 판단할
때"[54] 미국에 있는 모든 외국인에게 출국하라고 명할 수 있었다. 그
러한 대통령의 행위는 결코 공식적으로 발령되고 2년 후에 실효될
수 없으나, 그러한 대통령의 명령은 외국인에게 미국을 떠나거나 행
방을 감추도록 하는 결과를 초래했다.

치안방해법은 "그릇되고 비방적이며 해악적인 글 또는 명예훼손적
의도로 또는 모욕적이나 악평적 의도로 미국 정부나 의회양원 또는
대통령에 대한 저술을 출판하는 것"을 금지했다.[55] 치안방해법에는
항변권이 있었고, 배심원은 당해법원의 지시하에 치안방해법과 사실
관계를 평결할 권리를 가지고 있었다. 이러한 관점에서 보면 치안방
해법은 그 당시에는 사실상 매우 자유로운 법이었다. 영국은 비록
배심원의 평결이 1790년대에는 허락되었지만,[56] 1843년까지 항변권

---

52) L. Levy, Legacy of Suppression: Freedom of Speech and Press in Early
   American History, ch. 2 (1960).
53) J. Smith, Freedom's Fetters—The Alien and Sedition Laws and American
   Civil Liberties (1956).
54) 1 Stat. at Large 570.
55) 1 Stat. at Large 596.

이 확립되지 못하였다.57) 치안방해법은 제퍼슨 민주공화당의 정당원들을 겨냥하여 아담스의 연방당 정부에 의해 채택되었다. 제퍼슨 선거에 대한 공화당의 계속되는 보복에도 불구하고,58) 정치적 동기로 기소된 것에 대한 민주공화당의 공격과 자유로운 표현의 결과적 제한은 수정헌법 제1조의 현대적 이론을 위한 기초를 제공했다. 비록 이러한 법률이 연방대법원에서 수정헌법 제1조하에 사법심사를 견디어내고 살아남을 필요는 없지만, 외국인법과 치안방해법은 자유로운 표현의 위헌적 제한의 표본으로 남았다.

브렌넌(Brennan) 대법관은 표현하기를 "수정헌법 제1조의 중심적 의미 중 국가적 의도를 구체화시킨 것이 치안방해법이었다"라고 했다.59) 또한

> 비록 치안방해법이 대법원에서 결코 심사되지 않았지만, 치안방해법의 정당성에 대한 비판은 역사적으로 법원에서 승리했다. 치안방해법이 위헌이기 때문에 치안방해법으로 기소되어 부과된 벌금은 의회의 법률에 의해 반환되었다. 1836년 2월 4일에 상원에 상정한 칼혼(Calhoun)은 치안방해법이 무효임은 현재 누구도 의심하지 않는 일이라고 보았다. 제퍼슨(Thomas Jefferson) 대통령은 치안방해법하에서 유죄판결을 선고받은 사람들을 사면했다. 또한 대법원 대법관들도 치안방해법을 무효라고 생각했었다. 이러한 견해들은 치안방해법이 정부나 공무원을 비판하는 것을 제한하기에 수정헌법 제1조와 모순된다는 폭넓은 여론을 반영한 것이다.60)

---

56) Fox's Libel Act, 32 Geo. 3, c. 60 (1792).

57) 6 & 7 Vict. c. 96 (1843) (Lord Campbell's Act); 2 J. S. Stephen, A. History of the Criminal Law of England 383 (London 1883).

58) L. Levy, Jefferson & Civil Liberties−The Darker Side 58−59 (1963).

59) New York Times Co. v. Sullivan, 376 U.S. 254, 273, 84 S.Ct. 710, 722, 11 L.Ed.2d 686 (1964), motion denied 376 U.S. 967, 84 S.Ct. 1130, 12 L.Ed.2d 83 (1964).

60) New York Times Co. v. Sullivan, 376 U.S. 254, 273, 84 S.Ct. 710, 723−24, 11 L.Ed.2d 686 (1964), motion denied 376 U.S. 967, 84 S.Ct. 1130, 12 L.Ed.2d 83 (1964).

06

표현의 가치와 수정헌법
제1조의 기능

수정헌법 제1조의 범위를 평가하기 위해 헌법기초자들의 의도에만 의존하는 것은 몇 가지 이유에서 불충분한 것이다.

첫째, 헌법기초자들의 의도를 측정하는 데 사용되는 도구가 부정확하고 다양한 해석가능성이 있다. 둘째, 더 중요한 것은 헌법기초자들의 의도에만 의존하는 것은 수정헌법 제1조의 동태적인 성질을 무시하고 헌법의 기능을 좁은 시야로 보는 것이다.[61] 예를 들면, 홈즈(Holmes) 대법관은 "수정헌법 제1조상 자유로운 표현 보장의 주요한 목적은 계속적으로 처벌을 방치하고 있던 정부에 의해 관행화되어 왔던 출판에 대한 모든 사전제한을 해제하는 것이고, 따라서 정부는 공공복리에 반한다고 사료되는 것에 대해 그에 상당하는 처벌을 하지 않는 것이다"라고 생각했다.[62] 뿐만 아니라 홈즈 대법관은 주장

---

61) 예를 들면, Paul Brest, Process of Constitutional Decision-making, ch. 2 (1975).

하기를 "전에 채택한 법규정을 변함없이 간직할 헌법상 권리는 없다"고 하였다.63) 그래서 자유로운 표현의 개념이 축소될 수 있는 사법적 열망의 적정한 정도를 확인하기 위하여 명확히 표현한 것처럼, 강조한 자유로운 표현의 가치를 명기하는 것이 적절하다는 것이다.

존 밀턴(John Milton)

자유로운 표현의 체계를 위한 최초의 정당성은 무지로 인한 인간 오류를 막는 데 그 가치가 있다고 오랫동안 주장되었다. 자유로운 표현의 가장 설득력 있는 논거 중의 하나는 영국 검열법에 대한 존 밀턴(John Milton)의 투쟁으로부터 기인한다.

밀턴의 소책자인 아레오파지티카(Areopagitica)에서 밀턴은 언급하기를

비록 이론의 방향이 이 세상에서 자유롭게 방치되더라도 우리는 허가나 검열에 의해 진리의 힘을 불법적으로 의심하고 있다. 진리와 허위는 논쟁하라.64) 진리를 아는 누구나 자유롭고 개방된 논쟁에서 이기게 될 것이다.

---

62) Patterson v. Colorado, 205 U.S. 454, 462, 27 S.Ct. 556, 558, 51 L.Ed. 879 (1907).
63) Patterson v. Colorado, 205 U.S. 454, 461, 27 S.Ct. 556, 557, 51 L.Ed. 879 (1907).
64) J. Milton, Areopagitica, A Speech for the Liberty of Unlicensed Printing to the Parliament of England (1644).

존 스튜어트 밀(John Stuart Mill)

존 스튜어트 밀은 사상의 자유로운 교류로부터 나오는 공공선 (public good)의 인식을 가지고 1859년 자신의 수필집 "자유에 관하여"(*On Liberty*)에서 존 밀턴(John Milton)의 논거를 설명했다.

첫째, 우리가 확실히 아는 어떤 의견에 대해 침묵하도록 하게 하려면 진실하라. 이를 부정하는 것은 우리들에게 오류가 없다는 것이 추정되는 것이다.

둘째, 비록 이러한 침묵된 의견이 틀렸을지라도, 이러한 의견에는 진리의 일부가 담겨 있다. 그리고 어떤 주제에 대한 일반적 의견이 결코 완전한 진리일 수 없기 때문에, 나머지 진리부분이 제공될 수 있는 가망성이 존재하는 것은 반대의견과의 충돌에 의해서일 뿐이다.

셋째, 용인된 의견이 올바르지 않을 뿐만 아니라 완전한 진리일 수 없다. 받아들여진 의견이 시련을 겪고 활발히 논쟁되지 않는다면 그 의견을 수용하는 대부분의 사람들이 합리적 근거에 대한 이해 없이 선입관을 지닐 수 있을 것이다.

넷째, 그 이론의 의미 그 자체가 상실되거나 약화되는 위험이 존재할 것이다.……[65]

홈즈(Holmes)와 사상(思想)의 자유시장

위의 주장들은 홈즈 대법관의 자유로운 표현의 이론인 "사상의 자유시장"이론에서 강하게 이론적 뒷받침을 하고 있다.[66] "사상의 자

---

[65] J. S. Mill, On Liberty (1859), Ch. II.
[66] Abrams v. United States, 250 U.S. 616, 630, 40 S.Ct. 17, 22, 63 L.Ed. 1173 (1919).

유시장"이론은 어떤 사상의 진리는 경쟁하는 사상들의 자유시장에서
만 결정될 수 있기 때문에 수정헌법 제1조는 사상에 대한 정부의 억
압을 금지하는 것을 전제로 한다. 물론 다른 정당성도 지닌다.

개인적 자아실현

자유로운 표현의 중요한 기능 중 하나는 사회복리에 대한 개인적
기여의 잠재성을 고양시키고, 개인적 자아실현을 위한 가능성을 확
대시키는 것이라 주장된다.[67] 또 다른 기능은 첫 번째 기능의 결과
로 각 개인들이 기여함에 의해 사회의 자기지배의 건재성이 유지된
다는 것이다.[68]

정부 남용의 억제

우리가 표현의 자유를 제한하는 권한을 정부에게 부여한다면, 우
리는 위험한 비탈길이 있는 편도를 택하는 것이 될 것이다. 자유로
운 출판, 표현 그리고 집회의 중심적 가치는 공무원들에 의한 직권
남용을 견제하는 데 있다.[69] 이러한 추상적인 분야에 있어서 한계를

---

67) Redish, The Value of Free Speech, 130 U.Penn.L.Rev. 591, 593 (1982)
    참조.
68) T. Emerson, The System of Freedom of Expression (1970); Bollinger,
    Free Speech and Intellectual Values, 92 Yale L.J. 438 (1983) 참조.
69) Blai, The Checking Value in First Amendment Theory, 1977 A.B.
    Foundation Res.J. 521; Wellington, On Freedom of Expression, 88 Yale
    L.J. 1105 (1979); Coleman, A Free Press: The Need to Ensure an

설정하는 것은 항상 어렵고, 특히 정부의 본질적 경향이 인기 없는 사상과 정부에 대한 비평을 억압하는 방향으로 옮겨가는 것이다. 그래서 비록 사람들이 불법적인 표현과 합법적인 표현을 구분할 수 있을지라도, 합법적인 표현의 진정한 보호를 위하여 모든 표현을 보호하는 것이 여전히 필요할 것이다.[70]

사회의 안전판

성부가 표현을 억압하지 말아야 하는 이유 중의 하나는 자유로운 표현이 정부의 안전판이 되기 때문이다. 법을 집행하는 기독교인들은 기독교를 탄압하지 말아야 한다는 것을 고대 로마인들이 결국에는 터득한 바와 같이, 현대의 정부가 어떤 화제에 관하여 사람들의 토론을 금하는 것은 결국 공공의 안정을 좌절시키는 것이라는 것을 인식해야 한다.

자유로운 토론을 금하는 것은 순교자만을 창출할 뿐이다. 표현을 이유로 사람들을 처벌하는 것이 결코 표현을 좌절시키지 않는다. 이렇게 하는 것은 비밀스럽게 만들 뿐이고 공모를 장려할 뿐이다. 공공질서를 위해서 자유로운 표현은 적이 아니라, 동맹국이 된다.

브랜다이스(Brandeis) 대법관은 *Whitney v. California* 사건[71]의 보충의견에서 다음과 같이 경고하였다.

Unfettered Check on Democratic Government Between Elections, 59 Tulane L.Rev. 243 (1984).
70) Robert Bork, Neutral Principles and Some First Amendment Problems, 47 Ind.L.J. 1 (1971).
71) 274 U.S. 357, 47 S.Ct. 641, 71 L.Ed. 1095 (1927).

우리의 독립을 획득한 사람들이 인식하고 있었던 바는, 질서란 질서를 위반하는 것에 대한 처벌의 위하(威嚇)를 통해서만 보장될 수 없다는 것이다. 처벌을 통한 위하는 생각, 희망, 상상을 낙담시키는 위험한 것이다. 처벌을 통한 위하는 억압을 양육하고 억압은 증오를, 증오는 안정된 정부를 위협한다. 정부 안정의 길은 생각하고 있던 불만에 대해 자유롭게 대화하고, 제안된 개선책에 대해 대화할 수 있는 기회가 있어야 한다. 중대한 권리침해에 대한 위하는 자유로운 표현과 집회의 억압을 정당화할 수 없다. 남자들은 마녀를 두려워했고 그래서 여자들을 화형에 처했다.[72]

---

72) 274 U.S. at 375-76, 47 S.Ct. at 648, 71 L.Ed. at 1106.

07

이익형량론 대(對) 절대적 보호론

1) 자유로운 표현을 위한 우월적 지위

United States v. Carolene Products Co. 사건[73])에서 연방대법원은 경제적 활동의 규제에 있어서 행정부의 활동에 대해 1937년 이후의 개념인 사법적 자제를 뒷받침하는 것으로 '치환유'(탈지유에 식물성 지방을 첨가한 것)를 규율하는 의회의 권한을 지지했다.

스톤(Stone) 대법관이 판결문 중 유명한 각주 제4번에서 지적한 바는, 특정한 권리들이 민주적 절차에 있어서 더욱 적극적인 사법적 보호를 받는다는 것이다.

---

73) 304 U.S. 144, 58 S.Ct. 778, 82 L.Ed. 1234 (1938).

최초의 수정헌법 10개 조항들이 수정헌법 제14조를 채택하는 것으로 결정될 때에, 특수한 금지조항으로 생각된 것처럼, 입법이 헌법의 특수한 금지조항에 직면하는 것으로 보일 때는 합헌적 추정의 범위가 보다 좁아지게 될 것이다.

바람직하지 못한 입법을 폐지시키리라고 일반적으로 기대할 수 있는 정치과정을 제한하는 입법은 수정헌법 제14조의 일반적 금지조항 하에서 대부분의 다른 유형의 입법보다 더욱 정밀한 사법심사를 해야 하는지 여부를 현재 고려할 필요는 없다.[74]

몇 년 후에 연방대법원은 이러한 견해를 주장할 때 다음의 견해를 더욱 명확하게 했다. "출판의 자유, 언론의 자유, 종교의 자유는 우월적 지위에 있다."[75]

스톤 대법관의 각주 4번에서 주장한 '우월적 지위'는 단순한 주장에 그치지 않고, 강력한 이론적 근거가 되었다. 정치적 과정의 산물인 경제적 입법과는 달리, 언론은 그 자체가 입법과정의 일부분이다. 표현의 제한은 민주적 과정을 변질시키고 입법을 존중하는 근간을 훼손시킨다. 표현의 제한은 토론으로부터 유발되는 비평으로부터 현 정부를 고립시키기 때문에 사회적 프로그램에 있어서 미봉책을 사용하게 한다. 이러한 표현의 자유에 대한 제한이라는 본질적 경향은 수정헌법 제1조의 개방된 토론의 가치와 충돌한다. 그래서 사법부는 일시적 다수의 의사에 반대하여 이러한 가치를 보호하는 데 더 적극적일 필요가 있다.

---

74) 304 U.S. at 152－53 n. 4, 58 S.Ct. at 783－84 n. 4 (1938). See, 4 R. Rotunda & J. Nowak, Treatise on Constitutional Law: Substance and Procedure § 23.5(a)(2d ed. 1992).
75) Murdock v. Pennsylvania, 319 U.S. 105, 115, 63 S.Ct. 870, 876, 87 L.Ed. 1292 (1943).

프랭크퍼터 대법관과 자유로운 표현의 우월적 지위

프랭크퍼터(Frankfurter) 대법관은 "우월적 지위"라는 용어를 사용하는 것을 다음과 같은 이유에서 강하게 비판한다. 왜냐하면 의사소통을 침해하는 법은 '무효로 추정된다'는 의미를 함축하기 때문이다.[76] 그러한 비판은 확립된 사법적 원리에 근거한 공격이라기보다는 사법적 원리로 공인되지 않은 확장에 의한 경고로 생각될 수 있다.

"우월적 지위"라는 용어에 대한 프랭크퍼터 대법관의 날카루운 공격이 있은 이래로, 그 용어는 사용이 회피되었으나 그 실체는 여전히 남아있다. 수정헌법 제1조의 특혜적 대우는 소송이 제기된 법률의 사법심사에서 연방대법원에 의해 사용되는 다양한 사법도구 중 좋은 예가 되었다. 우리가 본 대로 연방대법원은 좁은 범위에서 합헌성추정과 수정헌법 제1조를 제한하는 것을 무효로 하는 엄격한 법률해석, 한정된 사전제한, 당사자적격의 일반적 요건의 완화, 정부의 기능에 대해 표현의 자유의 활성화를 위한 절차적 적법절차의 더 높은 기준설정을 하였다.[77]

---

76) Kovacs v. Cooper, 336 U.S. 77, 90, 69 S.Ct. 448, 455, 93 L.Ed. 513 (1949).
77) Mckay, The Preference for Freedom, 34 N.Y.U.L.Rev. 1182, 1184 (1959).

2) 자유로운 표현은 절대적인가?

수정헌법 제1조는 "연방의회는……표현의 자유를 제한하는 법률을 제정할 수 *없다.*" 이러한 엄격한 용어는 '*부당한* 수색과 체포'에 대해 금지하는 수정헌법 제14조와 비교해서 강조되고 있다. 만약 자유로운 표현이 절대적 권리라면, 이 권리는 절대적인 용어로 표현되지 않는 헌법의 다른 권리와 비교하여 우월적 지위에 있게 된다. 절대적 권리는 이익형량을 받지 않게 된다.

블랙(Black) 대법관과 더글라스(Douglas) 대법관[78]은 자유로운 표현의 절대주의적 관점을 옹호한다. 그러나 연방대법원의 다수는 절대주의적 관점을 채택하지 않는다.

할랜(Harlan) 대법관은 이익형량의 관점을 자주 지지해왔다. 주의할 것은 할랜(Harlan) 대법관의 이익형량의 접근방법은 수정헌법 제1조의 법문과 일치한다는 것이다. 표현의 자유 제한으로부터 절대적으로 보호되는 것은 '표현'이지, 오직 '자유로운 표현'만이 아니다.[79]

연방대법원이 어떠한 표현이 자유로워야 하는지를 결정할 수 있는가? 이는 이익형량되어야 하는가? 마이클존(Meiklejohn) 교수가 언급했듯이, 수정헌법 제1조는 표현의 제한을 금지하기 위한 것이 아니라, '표현의 자유'를 제한하는 것을 금지하기 위한 것이다. "수정헌법 제1조는 규제되지 않는 수다(talkativeness)를 보장하는 것은 아니다."[80] 할랜(Harlan) 대법관은 결코 특별한 목적의 이익형량을 선택

---

78) Konigsberg v. State Bar of California, 366 U.S. 36, 56, 81 S.Ct. 997, 1010, 6 L.Ed.2d 105 (1961).
79) A. Meiklejohn, Free Speech and Its Relation to Self Government (1948) p. 19.
80) A. Meiklejohn, Free Speech and Its Relation to Self Government (1948) at. 26.

할 수 없었다. 할랜(Harlan) 대법관이 취하는 이익형량의 결과는 법원리를 실현한 것이었고, 선행적 효과를 가지는 판결이었다. 그러므로 자유로운 표현의 체계에서 이해되는 수정헌법 제1조의 가치는 표현의 자유에 대한 금지가 존재하는지 여부를 결정하는 것이다.

할랜(Harlan)과 블랙(Black) 대법관의 비교

할랜(Harlan) 대법관의 이익형량의 견해는 블랙 대법관의 절대주의 견해보다 주(州) 권한에 있어서 필수적인 도움이 되지 않는 것으로 판단된다. 따라서 성조기 소각사건인 Street v. New York 사건[81]에서 블랙(Black) 대법관은 반대했지만, 할랜(Harlan) 대법관이 대표한 연방대법원의 다수의견은 이 사건의 사실관계에 대해 이의를 제기한다고 판시하였다. 블랙(Black) 대법관은 이 사건은 구두(口頭)의 말에 의존하지 않았기에 기소가능하다고 생각했다. 말은 행해졌고, 그 말은 "행위의 필수불가결한 일부"로 행하여졌다.[82] 또한 블랙(Black) 대법관은 자유로운 표현의 권리가 넓게 "공용도로에서든 사적 소유의 재산에서든 피켓팅이나 시위행진의 행위에 관련된 헌법상 권리"를 부여하지는 않는다고 판단했다.[83]

블랙(Black) 대법관의 견해는 무엇이 '표현'이고 무엇이 '표현된 행위'인지를 결정하는데 이익형량심사가 사용되어야 하기에 비판될 수

---

81) 394 U.S. 576, 89 S.Ct. 1354, 22 L.Ed.2d 572 (1969), on remand 24 N.Y.2d 1026, 302 N.Y.S.2d 848, 250 N.E.2d 250 (1969) (블랙 대법관의 반대의견).
82) Street v. New York, 394 U.S. 576, 610, 89 S.Ct. 1354, 1374, 22 L.Ed.2d 572 (1969),
83) Cox v. Louisiana, 379 U.S. 559, 578, 85 S.Ct. 476, 13 L.Ed.2d 487 (1965) (블랙 대법관의 반대의견),

있다. 블랙(Black) 대법관의 이익형량은 할랜(Harlan) 대법관의 이익형량보다 비밀리에 이루어지고 직관적이 된다.84) 한편 할랜(Harlan) 대법관의 이익형량은 자유로운 표현의 보장을 제한하는 입법을 수용하듯이 공개적으로 행해진다.85)

---

84) McCurn, J., citing Treatise in, Fox v. Board of Trustees, 649 F.Supp. 1393, 1397 (N.D.N.Y.1986); Mendelson, The First Amendment and the Judicial Process: A Reply to Mr. Frantz, 17 Vand.L.Rev. 479, 482 (1964).
85) Coyne, J., citing Treatise in, State v. Casino Marketing Group, 491 N.W.2d 882, 887 (Minn.1992) 참조.

08

과도한 광범성 금지원리

표현의 자유에 관한 문제를 다루는 데 있어 중요한 2가지 이론은 과도한 광범위성 금지와 막연하기 때문에 무효이론이다. 설사 주(州)가 그 지배하는 영역에 대한 통치권을 가지고 있을지라도, 자유로운 표현 보장의 중요성 때문에, 주(州)는 허용되는 목적을 달성하기 위해 보호되는 자유에 대한 부적절한 제한을 할 때에는 매우 주의 깊게 주(州)의 권한을 행사해야만 한다.[86] 이 장(章)에서 먼저 '과도한 광범위성 원리'를 살펴보고, 그다음으로 '막연하기 때문에 무효의 원리'를 살펴본다.

과도하게 광범위한 법률은—너무 광범위하거나 또는 필요한 것 이상으로 광범위하게 규정된 법률은—헌법적으로 보호되지 않는 행위를 규제하거나 처벌하도록 고안된 법률이다. 그러나 과도하게 광범

---

86) Cantwell v. Connecticut, 310 U.S. 296, 304, 60 S.Ct. 900, 903, 84 L.Ed. 1213 (1940); Local 189 International Union of Police Associations v. Barrett, 524 F.Supp. 760, 765 (N.D.Ga.1981).

저하지 않아왔기 때문이다.

다른 한편, 수정헌법 제1조 이외의 영역에서 "합헌인 법률의 적용을 받는 사람이 법률의 적용이 위헌적일 가능성이 있는 법률이 내재적으로 다른 사람 또는 다른 상황에 적용되는 것으로 판단하여 그 법률을 어기는 것은 용납되지 않을 것이다."[90] 컨즈(Kunz) 사건은 수정헌법 제1조의 심사도구로서 과도한 광범위성 원리의 힘을 보여주고 있다.

컨즈 대(對) 뉴욕 사건 (*Kunz v. New York*)

침례교 목사인 컨즈(Karl Kunz)는 허가 없이 종교적 집회의 개최를 금지하는 조례 위반을 이유로 유죄판결을 받았다. 뉴욕항소법원은 유죄를 인정했으나[91], 연방대법원은 파기했다.[92]

연방대법원의 다수견해는 헌법적으로 보호되는 표현에 포함되는지를 고려하지 않았다고 판시했다. 반면 명확하게 규정된 조례규정은 컨즈(Kunz)의 집회허가를 거부하는 데 사용될 수 있지만, 과도하게 광범위한 조례규정은 수정헌법 제1조의 기준하에서 받아들여지지 않았다.

---

90) United States v. Raines, 362 U.S. 17, 21, 80 S.Ct. 519, 522, 4 L.Ed.2d 524 (1960).
91) People v. Kunz, 300 N.Y. 273, 90 N.E.2d 455 (1949).
92) 340 U.S. 290, 71 S.Ct. 312, 95 L.Ed. 280 (1951).

저하지 않아왔기 때문이다.

다른 한편, 수정헌법 제1조 이외의 영역에서 "합헌인 법률의 적용을 받는 사람이 법률의 적용이 위헌적일 가능성이 있는 법률이 내재적으로 다른 사람 또는 다른 상황에 적용되는 것으로 판단하여 그 법률을 어기는 것은 용납되지 않을 것이다."[90) 컨즈(Kunz) 사건은 수정헌법 제1조의 심사도구로서 과도한 광범위성 원리의 힘을 보여주고 있다.

컨즈 대(對) 뉴욕 사건 (*Kunz v. New York*)

침례교 목사인 컨즈(Karl Kunz)는 허가 없이 종교적 집회의 개최를 금지하는 조례 위반을 이유로 유죄판결을 받았다. 뉴욕항소법원은 유죄를 인정했으나[91), 연방대법원은 파기했다.[92)

연방대법원의 다수견해는 헌법적으로 보호되는 표현에 포함되는지를 고려하지 않았다고 판시했다. 반면 명확하게 규정된 조례규정은 컨즈(Kunz)의 집회허가를 거부하는 데 사용될 수 있지만, 과도하게 광범위한 조례규정은 수정헌법 제1조의 기준하에서 받아들여지지 않았다.

---

90) United States v. Raines, 362 U.S. 17, 21, 80 S.Ct. 519, 522, 4 L.Ed.2d
   524 (1960).
91) People v. Kunz, 300 N.Y. 273, 90 N.E.2d 455 (1949).
92) 340 U.S. 290, 71 S.Ct. 312, 95 L.Ed. 280 (1951).

실질적인 과도한 광범위성 원리

소제기 당사자가 법률조문을 연방대법원에 계류전에 보호되는 표현에 해당하여 적용할 수 있는 상황으로 어떻게 창조적으로 묘사할지를 판단하는 것은 어렵다. 수정헌법 제1조상 과도한 광범위성 사건에서, 어느 법률이 '실질적으로 과도하게 광범위'하고 쉽사리 특권적 행위를 회피하기 위해 해석될 수 없을 때에만 적용해야 한다. 왜냐하면 그 법률이 실질적으로 과도하게 광범위하지 않다면, 실질적인 금지효를 지닐 수 없기 때문이다.

Broadrick v. Oklahoma 사건93)은 과도한 광범성 원리는 "강력한 치료법"이다.94) 따라서 실질적인 과도한 광범위성은 특히 표현이 행동과 결합될 때에, 이 과도한 광범위성 원리를 원용하기 전에 실질적인 과도한 광범위성이 존재할 것을 요구한다.

과도한 광범위성의 기능은 처음에는 한정된 기능을 지녔고, 형벌로써 국가가 금지하는 보호되지 않는 행위가 "순수한 표현"으로부터 행동으로 옮아가고, 또한 그 행동이—비록 표현적인 것이라도—해롭고 헌법적으로 보호되지 않는 행동에 대한 합법적 주(州)의 이익을 반영하는 유효한 형법의 규제대상에 해당되는 경우에는 점차 약해진다.……특히 단순한 표현이 아닌 행동이 포함된 경우에는, 법률의 명백한 합법적인 적용범위와 관련하여 그 법률의 과도한 광범위성이 실재적일 뿐만 아니라 실질적이어야 한다고 생각한다.95)

---

93) 413 U.S. 601, 93 S.Ct. 2908, 37 L.Ed.2d 830 (1973).

94) Broadrick v. Oklahoma, 413 U.S. 601, 613, 93 S.Ct. 2908, 2916, 37 L.Ed.2d 830 (1973).

95) Broadrick v. Oklahoma, 413 U.S. 601, 615, 93 S.Ct. 2908, 2917−18, 37 L.Ed.2d 830 (1973). Haden, C.J., citing Treatise in, West Virginia Pride, Inc. v. Wood County, West Virginia, 811 F.Supp. 1142, 1148 (S.D.W.Va. 1993).

할 수 없었다. 할랜(Harlan) 대법관이 취하는 이익형량의 결과는 법 원리를 실현한 것이었고, 선행적 효과를 가지는 판결이었다. 그러므로 자유로운 표현의 체계에서 이해되는 수정헌법 제1조의 가치는 표현의 자유에 대한 금지가 존재하는지 여부를 결정하는 것이다.

할랜(Harlan)과 블랙(Black) 대법관의 비교

할랜(Harlan) 대법관의 이익형량의 견해는 블랙 대법관의 절대주의 견해보다 주(州) 권한에 있어서 필수적인 도움이 되지 않는 것으로 판단된다. 따라서 성조기 소각사건인 Street v. New York 사건[81]에서 블랙(Black) 대법관은 반대했지만, 할랜(Harlan) 대법관이 대표한 연방대법원의 다수의견은 이 사건의 사실관계에 대해 이의를 제기한다고 판시하였다. 블랙(Black) 대법관은 이 사건은 구두(口頭)의 말에 의존하지 않았기에 기소가능하다고 생각했다. 말은 행해졌고, 그 말은 "행위의 필수불가결한 일부"로 행하여졌다.[82] 또한 블랙(Black) 대법관은 자유로운 표현의 권리가 넓게 "공용도로에서든 사적 소유의 재산에서든 피켓팅이나 시위행진의 행위에 관련된 헌법상 권리"를 부여하지는 않는다고 판단했다.[83]

블랙(Black) 대법관의 견해는 무엇이 '표현'이고 무엇이 '표현된 행위'인지를 결정하는데 이익형량심사가 사용되어야 하기에 비판될 수

---

81) 394 U.S. 576, 89 S.Ct. 1354, 22 L.Ed.2d 572 (1969), on remand 24 N.Y.2d 1026, 302 N.Y.S.2d 848, 250 N.E.2d 250 (1969) (블랙 대법관의 반대의견).

82) Street v. New York, 394 U.S. 576, 610, 89 S.Ct. 1354, 1374, 22 L.Ed.2d 572 (1969),

83) Cox v. Louisiana, 379 U.S. 559, 578, 85 S.Ct. 476, 13 L.Ed.2d 487 (1965) (블랙 대법관의 반대의견),

08

과도한 광범성 금지원리

표현의 자유에 관한 문제를 다루는 데 있어 중요한 2가지 이론은 과도한 광범위성 금지와 막연하기 때문에 무효이론이다. 설사 주(州)가 그 지배하는 영역에 대한 통치권을 가지고 있을지라도, 자유로운 표현 보장의 중요성 때문에, 주(州)는 허용되는 목적을 달성하기 위해 보호되는 자유에 대한 부적절한 제한을 할 때에는 매우 주의 깊게 주(州)의 권한을 행사해야만 한다.[86] 이 장(章)에서 먼저 '과도한 광범위성 원리'를 살펴보고, 그다음으로 '막연하기 때문에 무효의 원리'를 살펴본다.

과도하게 광범위한 법률은—너무 광범위하거나 또는 필요한 것 이상으로 광범위하게 규정된 법률은—헌법적으로 보호되지 않는 행위를 규제하거나 처벌하도록 고안된 법률이다. 그러나 과도하게 광범

---

86) Cantwell v. Connecticut, 310 U.S. 296, 304, 60 S.Ct. 900, 903, 84 L.Ed. 1213 (1940); Local 189 International Union of Police Associations v. Barrett, 524 F.Supp. 760, 765 (N.D.Ga.1981).

사건104)에서는 사실상 과도한 광범위성 원리를 적용하지 않았다. 그러나 이 사건에서 연방대법원은 변호사의 권유행위를 상업적 표현으로 보지 않았다.

그렇지만 만일 변호사의 권유표현을 상업적 표현으로 판정한다면, 과도한 광범위성 원리에 따른 분석은 적용될 수 없을 것이다. "상업적 표현의 특수한 성격과 이러한 표현에 대한 수정헌법 제1조상의 비교적 최근의 보호조치 때문에 합법적 규제이익을 위해 경제법률에 대하여 행해지는 수정헌법 제1조와 관련된 소송들은 주의 깊게 판결해야 한다."105)

잘못된 상업적 판행을 저지하기 위해 만들어진 상업적 표현에 대한 규제를 무효화하기 위하여 연방대법원이 과도한 광범위성 원리를 이용하지 않는다 하더라도, 정부의 합리적 이익을 위해 필요한 정도를 넘지 않는 방식으로 상업적 표현을 규제하도록 연방대법원은 정부에 요구할 것이다.106)

과도한 광범위성과 당사자적격

연방대법원이 표현에 대하여 위헌적인 과도한 광범위한 규제를 하고 있는 법률이 무효화되어야 한다는 주장을 검토할 경우에 당사자적격과 수정헌법 제1조상 문제를 혼동하기 쉽다.

심사대상인 법률이 과도한 광범위성 원리에 해당하는가를 판단하

---

104) 436 U.S. 412, 98 S.Ct. 1893, 56 L.Ed.2d 417 (1978).
105) Friedman v. Rogers, 440 U.S. 1, 11 n. 9, 99 S.Ct. 887, 894 n. 9, 59 L.Ed.2d 100 (1979).
106) Central Hudson Gas & Elec. Corp. v. Public Serv. Commission, 447 U.S. 557, 571, 100 S.Ct. 2343, 65 L.Ed.2d 341 (1980).

는 재판관들은 종종 법정에 선 개인들에게 수정헌법 제1조를 위반함 없이 법률을 적용할 수 없는 가상의 사람이 획득한 권리를 주장하는 것은 당사자적격이 흠결된 것이라고 주장해왔다. 그러나 당사자적격이나 정당성 문제로서 과도한 광범위성 원리문제를 거론하는 것은 적절하지 않다.

나아가 연방대법원이 과도하게 광범위한가 여부로 해당 법률을 검토할 때, 그 당해 개인은 그 법률이 너무 포괄적이기 때문에 보호되는 표현이나 보호되지 않는 표현 모두를 규율한다면, 우리 사회의 누구도 그 법률에 따른 처벌에 수긍하지 않을 것이라는 사실을 인식해야만 한다.107) 만일 연방대법원이 그 법률이 너무 포괄적이어서 사람들로 하여금 보호되는 표현을 사용하지 못하도록 하고 있다든지, 정치적 반대자들에게 자의적으로 사용되는 것으로 판단되면 그 법률은 과도하게 광범위한 것으로 판단될 것이다. 만일 연방대법원이 그 법률이 합헌적으로 보호받는 표현을 사용하지 못하도록 방해한다든지, 반대자들을 처벌하기 위한 선별적인 수단으로 사용될 일이 거의 없다고 판단되면, 그 법은 유지되고 사안별로 적용되도록 허용될 것이다.108)

우리들이 수많은 연방대법원의 판결을 이해하기 위해서는 법률의 광범위성에 대한 실체적인 수정헌법 제1조의 판결 및 사법절차나 당사자적격의 문제를 구별할 수 있어야만 한다. 이 문제는 *Secretary of State v. Joseph H. Munson Co., Inc.* 사건109)에서 제시해 주었다.

---

107) Judge Barker, citing Treatise in, Indiana Voluntary Firemen's Association, Inc. v. Pearson, 700 F.Supp. 421, 434 (S.D.Ind.1988) 참조.
108) 적용의 경우(As Applied): 어느 법규정이 표현의 자유를 위헌적으로 제한하지 않기 때문에 표면상 유효한 규정인데, 이 규정이 특정한 사건에 적용의 경우(As Applied) 심사될 수 있다.
109) 467 U.S. 947, 104 S.Ct. 2839, 81 L.Ed.2d 786 (1984).

Secretary of State v. Joseph H. Munson Co. Inc. 사건

　연방대법원은 *Munson Co., Inc.* 사건에서 자선기부금의 모금비용한 계를 25%로 정한 법률을 심사했다. 직업적으로 이익을 남기는 기부 금모금자(이 사람은 이익과는 관계없는 기부금 단체들과 계약을 맺 었다)는 이 법률을 위헌이라고 제소하였다. 이 기부금모금자는 정기 적으로 권유를 통해 모아진 기부금의 25%가 넘는 액수를 청구했었 다. 정부의 행정담당자는 그 같은 기부권유행위를 통한 수익의 25% 가 넘는 액수를 받거나 이에 대한 계약을 맺음으로써 법률상의 기소 를 피할 수 없는 기부금모금자에게 법률을 적용할 책임이 있었다.

　Munson 사건의 재판부는 자선단체가 사용한 비용을 제한하는 것 은 그들이 기부권유의 필요성과 정보를 전파하기 위한 비용지출을 할 수 있는 수정헌법 제1조상의 권리를 직접적으로 제한하는 것이라 는 선판례들을 바탕으로 그 법률을 무효화시켰다. 이 법률은 비영리 단체가 행하는 부정한 모금으로부터 대중을 보호할 정부의 이익을 증진하도록 명확히 규정되지 않았다.110)

　첫째, 연방대법원은 판결을 위하여 충분히 성숙된 사건(case)이나 쟁송(controversy)이 존재하는지 여부를 결정해야만 한다. 왜냐하면 기부금모금회사들이 소송으로 인해 위협받고 그 사건은 주 법원들이 완전히 판결을 종결했기 때문에 실제적인 쟁송(controversy)이 존재 한다는 것은 의심의 여지가 없었다.

　둘째, 연방대법원은 기금모금회사들이 기부권유행위 비용으로 모 금액의 25% 이상을 사용하기를 바라는, 자선에 관한 수정헌법 제1

---

110) The Court struck a similar statute in Village of Schaumburg v. Citizens for a Better Environment, 444 U.S. 620, 100 S.Ct. 826, 63 L.Ed.2d 73 (1980).

조상의 주장을 하도록 허용할 것인지를 결정해야만 했다. 이는 수정헌법 제1조상의 과도한 광범위성의 문제가 아니라, 실제로는 제3자 적격의 문제이다.[111] 다수의견은 그 제3자가 연방헌법 제3조를 만족시킬 만큼 충분한 실제상의 피해를 입고 있는지, 절차상의 문제에서 적절하게 쟁점을 부각시키는 것이 기대되는지에 대하여 고려하도록 연방대법원이 요구하는 일반적 원리하에서 모금자가 제3자 적격을 보유한다고 결정 내렸다. 연방대법원은 수정헌법 제1조가 소송문제로 제기된 상황에서는 기본적으로 소송당사자의 이익이 아닌, 사회의 이익을 위하여 다른 사람의 언론에 대한 제한을 대상으로 위헌소송을 제기하도록 제3자 적격을 허용해야만 했다. 이는 법정에 서지 않은 다른 사람들의 수정헌법상의 권리가 위축되지 않도록 방지하는 것이었다. 비록 광범위성 원리는 수정헌법 제1조의 위반문제나 당사자적격의 문제와 분리될 필요가 인식되지만, 불행히도 연방대법원은 이 재판을 과도한 광범위성의 문제로 부정확하게 취급했다.

이 *Joseph H. Munson Co.* 사건의 세 번째 문제는 모금비용을 제한하는 이 법률을 부분적으로 제거되어야 하는지 아니면 언론활동을 제한한다는 이유로 법률 전체를 완전히 무효로 해야 하는지 여부이다. 만일 이 법률이 문면상 유지된다면, 법원들은 각각의 사건마다 모금비용의 제한이 직업적 모금자에게 지불되는 비용에 대한 합법적 제한인지, 아니면 자신의 견해를 전파하기 위해 자선조직의 능력을 제한하는 규제인지를 조사해야만 할 것이다. 연방대법원의 다수의견은 이러한 제한이 사기행각을 방지하기 위한 정부의 실질적인 이익과 정확하게 관련되지 않는다고 판단했다. 왜냐하면 자선행사를 알리는 데 사용되는 모금비용이 많아진다고 하는 것이 사기행위를 방지하는 데 그다지 필수적이지 않기 때문이다.

---

111) R. Rotunda & J. Nowak, Treatise on Constitutional Law: Substance and Procedure § 2.13(f)(3) (2d ed.1992) 참조.

연방대법원은 이 문제를 법률의 일부를 제거하는 방식으로가 아니라, 법정에 선 특정 개인이나 조직의 행위가 합헌적인지 여부를 판단하는 방식으로 인식했었다. 그러나 이 사건에서 다른 문제는 논의하지 않고, 다수의견은 이 법률이 실질적으로 광범위한 것이라고 판단하였다. 비록 많은 모금비용을 사용한 몇몇 단체들이 수정헌법 제1조상의 활동과는 전혀 관련이 없다고 하더라도, 이 법률은 정보제공을 포함하여 보호받는 수정헌법 제1조상의 활동에 포함되는 모든 자선적 모금행위를 직접적으로 제한하도록 작용한다.

반대의견을 표명한 대법관들은 이 법률이 부분적으로 삭제되어서는 안 된나고 판단했다. 왜냐하면 이 법률은 단지 직업적인 모금자에게 지불되거나 기타 행정적 비용으로 사용될 수 있는 모금과정상 수령된 돈의 퍼센트를 제한하는 것으로 보았기 때문이다. 또한 다수의견이 자선행위에 대한 정보를 배포하는 것과 같이 진정한 수정헌법 제1조상의 행위를 기반으로 모금행위에서 수령된 돈에 대하여 추가적인 비용이 지불되기를 바라지만, 25% 이하로 자신의 행정적 비용을 유지하는 자선단체에 이 법률의 적용을 무효로 판단한 반면, 소수의견은 이 법률을 문면상 지지했다.

다수의견과 소수의견의 차이는 이 법률이 광범위하기 때문에 문면상 삭제되어야 할 것인지, 아니면 사안별로 적용되어야 하는 것인지에 관한 여부이지, 개인이 수정헌법 제1조상의 문제를 제기할 적격을 가지고 있는지와는 전혀 상관없는 것이었다.

막연하기 때문에 무효의 원리

과도한 광범위성 원리와 밀접하게 연관된 것은 '막연하기 때문에 무효의 원리'이다. 언론활동을 규제하는 법률의 막연성 문제는 광범위성과 같은 근거를 가지고 있으므로, 연방대법원은 흔히 이 양자를 함께 언급한다.[112]

막연함과 형법의 일반성

막연하기 때문에 무효의 원리는 단지 표현의 자유나 다른 기본권을 규제하려는 법만이 아니라, 모든 형법에도 적용된다. 이러한 종류의 법들은 일반인들에게 자신의 행위가 범죄가 되기 전에, 어떤 활동이 범죄로 되는지에 관하여 명확한 자료를 제공해 주어야만 한다.

---

112) 예를 들면, Dombrowski v. Pfister, 380 U.S. 479, 486, 85 S.Ct. 1116, 1120−21, 14 L.Ed.2d 22 (1965).

그리고 경찰이 법률위반을 이유로 사람을 체포할 권한을 제한할 수 있어야 한다.[113) 위협이 더욱 커지고 위협의 금지나 규제가 더 이상 구체적으로 규정될 수 없을 정도까지, 연방대법원은 상대적으로 더욱더 법률의 막연함을 관대하게 다룰 것이다.

예를 들면, 부주의한 운전을 금지하는 법률은 막연하기 때문에 무효가 되지 않는 반면, 부주의한 보행을 금지하는 법률은 막연하기 때문에 위헌적이다.[114) 첫째, 일상 경험 측에서 사람들은 무엇이 부주의한 운전인지에 대한 일반적인 상식을 지니고 있다. 둘째, 부주의한 운전금지 법률을 더욱 명확하게 제정하는 것이 어렵다. 셋째, 부주의한 운전의 위험에는 생명을 잃는 것도 포함된다. 그러나 위의 3가지 중 어떤 것도 부주의한 보행에는 적용되지 않는다.

막연함과 수정헌법 제1조

표현의 자유, 집회·결사의 자유 등과 같은 기본적인 헌법상 권리를 제한하는 법을 심사할 경우, 이 같은 제한이 막연하지 않다는 것을 보장하기 위해 몇 가지 근거가 요구된다. 첫째, 법률에서 어떠한 행위가 범죄가 되는지를 사람들에게 정확히 알려주는 것은 범죄와 기본적인 헌법상 권리에 해당하는 행위를 구별하는 데 매우 중요하다. 어떠한 법이 기본적 권리와 관계되어 있으나 그 범위가 막연하

---

113) 예를 들면, Colautti v. Franklin, 439 U.S. 379, 99 S.Ct. 675, 58 L.Ed.2d 596 (1979).

114) 법률이 합법적인 표현을 방지할 위험성이 없을 때, 연방대법원은 막연함의 원리를 적용할 때 덜 엄격하다. 예를 들면, Village of Hoffman Estates v. Flipside, 455 U.S. 489, 102 S.Ct. 1186, 71 L.Ed.2d 362 (1982), rehearing denied 456 U.S. 950, 102 S.Ct. 2023, 72 L.Ed.2d 476 (1982), on remand 688 F.2d 842 (7th Cir.1982).

다면, 이는 '테러로 인한 공포효과'(테러를 당할까 봐 억눌린 상태)
로 인해 사람들로 하여금 헌법적으로 보호되는 표현행위를 하지 못
하게 만든다. 다시 말하면 재산적 이용과 관련된 불명확한 법은―특
히 불명확한 지역제한과 같은 법률―특수한 헌법적 의미를 지니지
않고 오로지 위축효과만을 가져올 것이다.

둘째, 더욱 중요한 것으로 막연하기 때문에 무효의 원리는 정부관
계법을 시행하는 경우에는 명확한 기준을 제공한다. 이와 같은 명확
한 기준이 없다면 법을 적용하는 공무원은 선별적 기준으로 법을 적
용할 재량권을 지니게 된다. 이러한 재량권은 법이 표현의 자유와
같은 기본적 권리를 제한하는 경우 매우 위험하게 작용한다.[115]

셋째, 수정헌법 제1조는 숨쉴 여지(breathing space)를 필요로 하므
로, 관용적인 정부의 규제는 "명확한 특정성"을 지니고 규정해야 한
다.[116] 이같이 명확하고 특정된 법률은 어떠한 언론활동이 규제되어
야만 하는지에 대한 의회의 숙고된 판단이 반영된 것이다.[117]

나아가 포괄적이고 부정확한 적용가능성이 있는 형사법의 존재가
수정헌법 제1조의 영역에서 허용되는 특별한 위험에 노출되어 있다.
수정헌법 제1조상 표현의 자유는 "우리 사회에서 아주 귀중한 만큼
이나 민감하고 침해되기 쉽다."[118] 결국 막연하기 때문에 무효의 원
리는 너무 막연해서 보호되는 언론이 규제에 포함되거나 처벌될 수
있는, 표현의 성격에 대한 명확한 기준이 없이 개인을 방치하는 등

---

115) Kolender v. Lawson, 461 U.S. 352, 103 S.Ct. 1855, 75 L.Ed.2d 903
    (1983).
116) NAACP v. Button, 371 U.S. 415, 433, 83 S.Ct. 328, 338, 9 L.Ed.2d
    405 (1963), citing Cantwell v. Connecticut, 310 U.S. 296, 311, 60
    S.Ct. 900, 906, 84 L.Ed. 1213 (1940).
117) cf. NAACP v. Button, 371 U.S. 415, 432−33, 83 S.Ct. 328, 337−38,
    9 L.Ed.2d 405 (1963).
118) NAACP v. Button, 371 U.S. 415, 433, 83 S.Ct. 328, 338, 9 L.Ed.2d
    405 (1963).

의 표현 제한적 법률을 엄격히 금지시킨다.[119]

막연하기 때문에 무효의 원리가 적용되는 예를 보여주는 사례가 Smith v. Goguen 사건[120]이다. 이 사건에서 피상소인은 자신의 바지 엉덩이 부분에 작은 미국국기를 재봉해 다닌 것을 이유로 국기오용금지법 위반으로 유죄판결을 받았다. 이 법에는 성조기를 공개적으로 훼손하거나 짓밟거나 모욕적으로 다루는 개인은 형사적 책임을 져야 했다. 연방대법원은 수정헌법 제14조의 적법절차조항에 의거해 이 법의 내용이 막연하기 때문에 무효라고 판결했다.

포웰(Powell) 대법관은 막연하기 때문에 무효의 원리를 다음과 같이 설명했다.

"적절한 주의나 경고의 개념을 구체화시켜서 규정하게 되면 자의적인 법집행을 방지하기 위한 사실상의 법집행자나 판단자가 사용할 합리적이고 명확한 기준을 지닌 법이 필요하다. 법률의 문리적 범위가 수정헌법 제1조에 의해 보호되는 표현에 이를 수 있는 정도라면, 막연하기 때문에 무효의 원리는 다른 영역에서보다 더 엄격한 정도의 특정성을 요구한다."

국기오용금지법은 국기를 어떻게 다루는 것이 범죄가 되고 또 되지 않는가에 대한 명확한 규정이 없기 때문에 모호하다. 더욱이 이 법률은 어떤 경고나 주의를 제공해 주지 못했는데, 국기에 대한 모욕적인 사용이라는 기준은 너무나 애매모호해서 경찰관, 판사, 배심원들이 어떤 행위가 모욕적인 것인가를 자신이 가진 호(好) 또는 불호(不好)에 따라 결정할 수 있다. 모욕적인 사용인지를 확인할 수 있는 기준이 결여되었다는 것은 적법절차조항을 위반하는 것이다.

---

119) State v. Princess Cinema of Milwaukee, Inc., 96 Wis.2d 646, 292 N.W.2d 807, 813 (1980); Levine v. United States District Court, 764 F.2d 590, 599 (9th Cir.1985).
120) 415 U.S. 566, 94 S.Ct. 1242, 39 L.Ed.2d 605 (1974).

　포웰(Powell) 대법관은 무엇이 국기모욕을 구성하는가에 대해 경찰이나 법원에게 그같이 폭넓은 재량을 부여할 아무런 합리적 이유도 없다고 결론을 내렸다. 국기에 대한 도덕은 세대에 따라 변해가는 것이라고 언급하면서, 어떤 행위가 위법한 것인가를 법률은 명확히 특정해야 할 필요가 있다고 했다.

10

가장 덜 제한적인 수단의 심사

입법의 목적이 실질적인 정부이익에 따른 합법적인 것이라고 하더라도 결과적으로 좀 더 명확히 규정될 수 있는 것이라면 기본적인 개인의 자유를 제한할 정도의 광범위한 수단을 사용할 수는 없다. "법률적 침해의 범위는 동일한 목적을 달성하기 위하여 좀 더 완화된 수단이 있는가의 측면에서 검토되어야 한다."[121] 연방대법원은 법률이 언론자유에 대하여 가장 덜 제한적인 수단을 사용하도록 요구하고 있다. 주 간(州間)통상에 영향을 미치는 주(州) 규제와 같은 비(非)언론적 영역에도 '가장 덜 제한적인 원리'는 역시 적용되어 왔지만,[122] 사실 언론자유의 영역에서 특히 중요하다.

Shelton v. Tucker 사건[123]은 최소규제의 원리를 보여주는 중요한

---

121) Shelton v. Tucker, 346 U.S. 479, 488, 81 S.Ct. 247, 252, 5 L.Ed.2d 231 (1960).

122) 예를 들면, Dean Milk Co. v. Madison, 340 U.S. 349, 71 S.Ct. 295, 95 L.Ed. 329 (1951).

123) 346 U.S. 479, 81 S.Ct. 247, 5 L.Ed.2d 231 (1960).

사례다. 이 사건에서 알칸사스 주(州) 교사는 주(州)법률에 의해 자신이 최근 가입하거나 활동했던 모든 단체의 명단을 매년 보관, 제출하도록 요구받았다. 원고인 쉘턴(Shelton)과 그 외의 다른 사람들은 명단확인서 제출을 거부했고 자신의 교사계약이 갱신되지 않았다. 재판의 결과 그는 공산당원이나 폭력에 의한 정부의 전복을 지지하는 어떤 단체의 소속원도 아니었다. 그러나 그는 전미유색인종지위향상협회(NAACP)의 회원이었고 재판부는 명단확인서에서 그 정보를 확인하였다.

연방대법원은 주(州)는 교사에 대한 적합성이나 적절함을 조사할 이익이 있다는 데 동의했다. 그러나 알칸사스 주 법률은 이러한 합법적 목적을 넘어서는 것이었다. 이 법에 의한 자료의 축적은 비밀이 유지된 것도 아니고 공적인 노출이 허용되기도 하며, 공개적 단체에 속했다는 이유로 학교감독자에게 제재를 당할 위험도 있었다. 더욱이 주의 공개요구는 완전히 제한된 것도 아니었다. 이 법의 무제한적이고 무차별적인 포괄성은 교사의 적합성이나 적절함에 대한 주(州)의 합법적 심사를 정당화하는 것이 아니어서,124) 위헌으로 판시되었다.

---

124) Shelton v. Tucker, 346 U.S. 479, 490, 81 S.Ct. 247, 253, 5 L.Ed.2d 231 (1960).

11

정부가 금지하는 표현, 표현을 위한 정부보조금, 위헌적 조건 및 평등보호 분석

연방대법원에 상고된 수정헌법 제1조상의 사건 거의 대부분은 표현을 규제하려는 정부의 시도와 관련되어 있다. 이러한 사건들의 대부분이 정부가 음란물과 같은 표현의 형태를 불법으로 판단하는 것이며, 연방대법원은 정부가 금지하는 표현의 범주에 대한 정의가 수정헌법 제1조를 만족시키는지를 판단해왔다. 그 밖의 다른 사건들에서는 정부가 언론·집회가 행해지는 시간, 장소, 수단을 규제함으로써, 공공에게 메시지를 전달하려는 잠재적인 의사표출자의 능력이―비록 없애는 것은 아니지만―축소된다는 것이다.

이번 장(章)에서 언론을 규제하거나 금지시키려는 이러한 모든 정부의 시도를 검토한다.

정부언론과 선전

정부가 정치영역에 진입하는 가장 직접적인 방법은 대중에게 국내 정책이나 외교정책에 있어서 정부입장을 지지하며 확신하도록 정부기관의 선전을 각인시키는 것이다. 연방대법원은 아직까지 그 같은 표현에 가해지는 제한을 명확하고 직접적으로 정의하지 않고 있다.125) 이러한 판례법이 정립되지 못함으로 인하여 민주주의 체제가 허약하다기보다는 건실하다고 생각하게 한다. 왜냐하면 연방대법원은 미국정부기관들에 의해 이루어진 선전노력에 대해 명확한 제한을 위해 개입할 필요가 없었다. 그러나 정부에 의해 발간되는 보고서의 양이 증가하고 의회텔레비전과 같은 전자적 매체의 정부사용이 잠재적으로 늘어나는 추세 속에서 장래에는 연방대법원에 의한 정부언론의 제한을 정의하는 것이 필요하다.126)

확실히 정부프로그램에 의거하여 공적 정보를 전달해 주는 정부는 명백한 공적 이익과 수정헌법 제1조상의 가치가 존재한다. 의회보고서로부터 대통령관련 뉴스, 행정부 보고서에 이르기까지 모든 정부활동은 수정헌법 제1조상 분석에 있어 시금석적 가치가 있는 자율지

---

125) Anderson v. City of Boston, 376 Mass. 178, 380 N.E.2d 628 (1978). See, Nowak, Using the Press Clause to Limit Government Speech, 30 Ariz.L.Rev. 1 (1988) 참조.

126) T. Emerson, The System of Freedom of Expression 697−716 (1970); Finman & Macaulay, Freedom to Dissent: The Vietnam Protests and the Words of Public Officials, 1966 Wisc.L.Rev. 632; Van Alstyne, The First Amendment and the Suppression of Warmongering Propaganda in the United States: Comments and Footnotes, 31 Law & Contemp.Prob. 530, 531−36 (1966); Shriffin, Government Speech, 27 U.C.L.A.L.Rev. 565 (1980); Ziegler, Government Speech and the Constitution: The Limits of Official Partisanship, 21 Bos.College L.Rev. 578 (1980); Delgado, The Language of the Arms Race: Should the People Limit Government Speech?, 69 Bos.U.L.Rev. 961 (1984) 참조.

배의 원칙이 그 근거를 제공해 준다.127) 그러나 만일 반론의 가능성
을 박탈시킬 정도로 정부의 정책에 찬성을 이끌어 낼 목적으로 정부
가 텔레비전 방송국을 설립한다면, 이는 수정헌법 제1조를 위반하는
경향이 있는 정부의 시도 또는 반대견해를 사전에 차단하는 정부의
시도라고 생각된다.128)

  정치관련자들에게 정보를 제공하는 측면과 반대의견을 억압하는
선전을 통해 대중의 의견을 유도하려는 시도라는 2가지 측면에서 연
방대법원이 정부언론과 관련된 허용가능한 범위나 정부에 우호적인
언론을 형성하는 데 공적 기금을 사용하는 것에 대해 한계를 긋는
것은 어려운 일이다. 그럼에도 불구하고 수정헌법 제1조상의 가치는
이러한 영역에서의 그 같은 정부의 활동에 대한 어느 정도의 제한을
부여하도록 하고 있다.

  연방방송위원회(FCC) 對 여성유권자연맹(*Federal Communications
Commission v. League of Women Voters*) 사건129)에서 연방대법원은 5
대 4로 공영방송연합으로부터 보조금을 받는 어떠한 비상업적 교육
방송국도 편집에 참여하거나 선거후보자를 승인하는 행위를 하지 못
하도록 하는 공영방송법을 무효화시켰다. 4인의 반대의견을 제시한
대법관들은 편집참여에 대한 금지가 공적 기금을 받는 방송국들이
그 기금을 위해서 정부에 우호적인 방송을 하는 것으로부터 대중을
보호하는 것이라고 판단했다.130) 다수의견인 5인의 대법관은 편집참

---

127) Keller v. State Bar of California, 496 U.S. 1, 110 S.Ct. 2228, 110
    L.Ed.2d 1 (1990).
128) Douglas, J., dissenting in Public Utilities Commission v. Pollak, 343
    U.S. 451, 467－69, 72 S.Ct. 813, 823－24, 96 L.Ed. 1068, 1080－81
    (1952); Douglas, J., concurring, in Lehman v. City of Shaker Heights,
    418 U.S. 298, 305－08, 94 S.Ct. 2714, 2718－20, 41 L.Ed.2d 770,
    778－80 (1974) 참조.
129) 468 U.S. 364, 104 S.Ct. 3106, 82 L.Ed.2d 278 (1984).
130) 468 U.S. at 402, 104 S.Ct. at 3129 (Rehnquist, J., dissenting, joined

여의 금지가 공공에 대한 문제에 있어 균형 잡힌 모습을 보여줄 만큼 명확히 규정되지 못했고, 공공에게 공적 문제를 전달해주는 그 같은 방송국의 역할을 억제시킬 뿐이라고 판단했다. 그러나 9인의 대법관 모두 정부의 이익에 반대하는 언론에 투자하는 것을 정부가 거절하는 한, 국공영방송국을 통해 정부의 정책을 옹호하는 언론에 재정지원을 할 자유는 없다는 점을 인식하고 있었다.

정부에게 필수적인 언론

정부는 사인(私人)을 강제하여 정부에게 우호적인 메시지를 전달하게 하거나 정부를 승인하도록 하기 위하여 정치시장에 진입할 수 없다. 정부분야에서의 그 같은 활동은 모든 수정헌법 제1조상의 핵심적 보호영역에 있는 기본적 자유에 대한 신념과 합치되지 않는다.

예를 들어, *West Virginia State Board of Education v. Barnette* 사건131)에서 연방대법원은 주(州)가 학기 초에 아이들에게 국가에 대한 충성맹서를 강요하는 것을 금지시켰다. 충성맹서를 반대하는 아이는 그 같은 충성맹서 관행을 반대하는 단체의 일원이었는데, 다수의견은 수정헌법 제1조의 종교조항에 기반을 둔 판결을 제한한 것은 아니었다. 다수의견은 국가나 국가의 상징물에 대해 충성을 맹서하는 데 반대하는 모든 사람들에게 수정헌법 제1조상의 권리를 이용할 수 있게 하려는 것이었다. 왜냐하면 사상과 신념의 자유는 모든 수정헌법 제1조상의 권리 중 핵심적인 것이기 때문이다.132)

---

by Burger, C.J., & White, J.); 468 U.S. at 410, 104 S.Ct. at 3133 (Stevens, J., dissenting).
131) 319 U.S. 624, 63 S.Ct. 1178, 87 L.Ed. 1628 (1943).
132) Lynch v. Donnelly, 465 U.S. 668, 104 S.Ct. 1355, 79 L.Ed.2d 604

유사하게 *Wooley v. Maynard* 사건[133])에서, 연방대법원은 주가 자신의 자동차 면허번호판의 일부분을 불법적으로 개조한 사람을 처벌하지 못하도록 금지시켰다. 자동차 면허번호판 일부분에는 주(州)의 모토인 "자유가 아니면 죽음을"이라고 적혀 있었다. 연방대법원은 매우 절박한 상황이 아닌 한, 비록 여호와의 증인신도가 그 종교적인 신념에 기초하여 이 메시지를 달고 다닌 것에 대해 반대한다고 하더라도 누구에게도 정부의 상징을 달고 다니게 하거나 정부의 상황을 승인하도록 요구할 수 없다고 판결했다. 물론 개인은 '신이여 우리를 보호하소서'라는 문구가 적힌 미국의 통화를 훼손할 권리나 자신의 자동차를 증명해 줄 운전면허의 숫자를 훼손할 권리를 가지지 못할 것이다. 연방대법관들은 교통사고 시의 자동차 확인과 효율적인 통화시스템과 같이 검열이나 선동과는 상관없는 사회적 이익을 위해 이러한 방법의 표현 중 일부가 필요하다는 것을 인식하고 있었다.[134]

보조금 지급과 위헌적 조건

정부가 정치적 표현을 하기 위한 또 다른 방식은 일정한 언론이나 결사에 참여하려는 개인을 제한하거나 참여할 수 있도록 지원해주는 것이다. 이러한 종류의 정부활동은 흔히 '위헌적 조건' 원리에 종속될 수 없다고 종종 논의된다. 연방대법원은 각 사례에서 정부활동이 헌법적 원리를 위반하는지를 결정함에 있어 위헌적 조건의 본질을 잘 검토해야만 한다. 예를 들어 의회는 농산물의 생산량을 직접적으로 제한할 수 있기 때문에 연방정부가 재산 중 일정 에이커를

(1984).

133) 430 U.S. 705, 97 S.Ct. 1428, 51 L.Ed.2d 752 (1977).

134) 430 U.S. at 715 n.15, 97 S.Ct. at 1436 n.15 (1977).

넘지 않을 정도로 농부에게 보조금을 지원하는 것은 허용될 수 있을 것이다. 그러나 연방정부가 농부들로 하여금 정부의 농업정책에 대하여 비난을 하지 않을 조건으로 농업보조금을 지급한다면 그 조건은 무효이다. 그러나 정부가 내세우는 조건의 각 형태들은 그 본질이 수정헌법 제1조를 위반하고 있는지가 연방대법원에 의해 검토되어야만 한다.135)

언론과 관련하여 정부의 보조금 수령조건에 대한 합헌성을 평가하는 어려움은 *Regan v. Taxation with Representation of Washington* 사건136)과 *FCC v. League of Women Voters* 사건에서의 판결에서 서로 정반대적 입장을 보여주고 있다.

Taxation 사건에서 연방대법원은 만장일치로 로비활동을 위해 세금공제가 불가능했던 기부를 이용했던 단체에게 특수한 세금면제의 지위를 보장해 준 국세법 조항부분을 지지했다. 이 판결의 핵심은 국세법의 지침서 부분이 로비활동에 세금공제가 불가능한 기부를 이용했던 단체에게 약간 다른 유형의 세금면제상 지위를 보장하고 있다는 것이다.

만일 어떤 단체의 로비활동에 있어서의 기부는 세금공제가 불가능한 비영리단체로서의 지위를 부여받는다면, 이는 법 제501조(c)(3)상 단체로서의 지위를 인정받는 것이다. 유사하게 로비활동에 대하여 기부제도를 사용하기를 원하는 비영리단체는 법 제501조(c)(4)하에서 세금면제의 지위를 부여받을 수 있다. 법 제501조(c)(4)상의 단체가 세금부과로부터 면제되는 반면, 이에 대한 기부는 개인 소득세 반환이라는 세금공제는 불가능할 것이다. 어떤 단체는 세금공제가 가능

---

135) Westen, Incredible Dilemmas: Conditioning One Constitutional Right on the Forfeiture of Another, 66 Iowa L.Rev. 741 (1981); M. Yudof, When Government Speaks: Politics, Law, and Government Expression in America 234-45 (U.Calif.Press, 1983).
136) 461 U.S. 540, 103 S.Ct. 1997, 76 L.Ed.2d 129 (1983).

한 기부에 대한 자격을 부여받는 지부(支部)와 그렇지 못한 지부(支部)를 분리하여 경영하는 것이 허용된다. 다시 말해서 "워싱턴의 납세자 대표자들" 같은 단일 조직이 비(非)로비 활동을 위하여 법 제501조(c)(3)상의 조직을 이용하고 그 활동을 위해 세금공제가 가능한 기부를 받는 반면, 동시에 로비를 통한 자선의 목적을 추구하기 위하여 법 제501조(c)(4)상의 지부(支部) 조직을 운영한다. 비록 법 제501조(c)(4)상의 지부(支部) 조직은 직접 세금면제되지만, 세금공제가 가능한 기부를 받을 적격은 없다.

이 법률규정을 대법관들이 만장일치로 지지한 것은 이 법이 처벌할 수 없는 언론을 사용하고, 사선을 목적으로 정부조직에 로비를 했다는 이유로 개인을 처벌하지 않았다는 사실뿐만 아니라, 로비활동을 보조하는 것에 대한 의회의 거부가 성립되었다는 것에 기반하고 있다. 그러나 특정 정치활동보조에 대한 의회의 거부에 있어서는 이 사건과 관련하여 어떤 위헌적 조건도 존재하지 않았다.

이와는 반대로 *FCC v. League of Women Voters* 사건[137])에서 5인의 대법관은 의회가 공영방송협회로부터 보조금을 받는 비상업적 교육방송국에 편집활동을 금지시키는 것은 연방기금을 수령하는 것에 대한 위헌적인 조건을 제시한 것이라고 판시했다. 다수의견은 이러한 조건이 수정헌법 제1조에 합치되지 않는다고 판결했는데, 그 이유는 이 조건이 공공의 문제에 대해 적절하고 균형 잡힌 범위를 보장하기 위해 존재하는 실질적인 정부이익을 위하여 그 범위가 명확히 규정되어 있지 않았기 때문이다.

4인의 반대의견을 제시한 대법관들은 연방기금을 받는 조직에 의한 편집활동이나 선거후보자 승인을 금지하는 것은 그러한 활동에 대한(의회의) 금지만이 합헌이 될 수 있다고 지적했다.

---

137) 468 U.S. 364, 104 S.Ct. 3106, 82 L.Ed.2d 278 (1984).

그러나 다수의견은 이러한 편집활동에 대한 금지가 편집에 대한 정부의 영향력을 제거할 수 있도록 명확하게 규정되지 않았고, 나아가 그러한 위헌적인 영향력이 공영방송시스템에 있어서 다른 방식으로 보호되었다고 판결했다. 다수의견은 만일 의회가 비상업적 교육방송에 선거후보자 승인활동이나 편집활동을 보조하기 위하여 연방기금을 사용하지 못하도록 법률을 개정한다면 이 제한은 *Regan v. Taxation with Representation of Washington* 사건에서와 같이 합헌이라고 판시했다. 의회는 의회가 보조하기를 원하지 않는 활동에 연방기금이 아닌 기금을 사용하고 연방기금을 분리하도록 요구할 수 있다. 그러나 연방의회는 편집에 참여하는 방송국으로부터 모든 공적기금을 철회시킬 수는 없다.

12

폭력의 주장 또는
그 밖의 불법적 행동

연방대법원은 언론, 출판 또는 평화로운 집회를 제한하는 법률을 제정하는 것을 연방의회에게 금지시키는 수정헌법 제1조상 보장을 절대적인 것으로 생각하지 않았다. 연방대법원은 어떤 특별한 상황에서 개인적인 신념을 자유롭게 표현할 수 있는 개인적 권리는 다른 사회적 이익보다 하위에 종속되어야 한다는 견해를 선호해왔다.[138] 그러나 다른 사회적 이익에 대하여 수정헌법 제1조상의 권리들을 균형 있게 조절해야 한다는 자발성은 자유로운 표현의 중요성을 감소시킬 수 없었다. 왜냐하면 연방대법원은 정부권한을 억제하는 심사기준들을 개발해왔기 때문이다. 연방대법원이 폭력이나 그 밖의 불법적 행동을 주장하는 표현의 제한을 정당화하기 위해 처음으로 고려했던 기준 중의 하나는 '명백하고 현존하는 위험'의 심사기준이다.

---

138) Whitney v. California, 274 U.S. 357, 375－76, 47 S.Ct. 641, 648, 71 L.Ed. 1095 (1927)(Brandeis, J., concurring).

비록 연방대법원은 20세기 전반부 동안 자신의 신념을 바꾸기 위해 명백하고 현존하는 위험 심사기준을 사용하지 않았고, 이 심사기준의 발전이 어떻게 현재까지 우리에게 도달할 수 있었는지를 설명해 준다.

'명백하고 현존하는 위험' 원칙의 발전과정은 3단계로 구분할 수 있다. 첫 번째 단계로서, 명백하고 현존하는 위험 원칙의 기원은 20세기 전반부서부터다. 이 심사기준은 제1차 세계대전 중 방첩법(Espionage Act)과 치안방해법(Sedition Act)을 처음으로 다룬 대법관인 홈즈(Holmes)와 브랜다이스(Brandeis)에 의해 기술된 다수의견에서 시작되었다. 이 심사기준은 자유로운 표현을 덜 보호하는 '해로운 경향'(bad tendency)과 맞서 경쟁하게 되었다.

두 번째 단계는 냉전이 최고조에 달하였을 때, 빈슨(Vinson) 대법원장과 핸드(Learned Hand) 판사를 포함한 연방대법원 대법관과 연방판사의 노년세대가 수정헌법 제1조상 자유를 제한하는 방법으로 '명백하고 현존하는 위험' 원칙을 적용하였다. 이러한 제한적 접근방식은 연방대법원이 표현의 자유를 보호하기 위한 '이익형량 심사'기준을 발전시키는 데 영향을 주었다.139)

마지막 단계로 1960년대의 연방대법원은 이 원칙에 대하여 새로운 생명력을 불어넣으려고 시도하였고, 새롭고 더 엄격한 심사기준을 창안해 냈다. 가장 최근에 형성된 이 심사기준은 과거의 실수로부터 배우고 과거의 명백하고 현존하는 위험 심사기준보다 자유로운 표현을 더욱 보호하는 것이다.

---

139) 이익형량 심사기준에 대한 논의에 관해서는 Dennis v. United States, 341 U.S. 494, 517, 71 S.Ct. 857, 871, 95 L.Ed. 1137 (1951); Emerson, Toward a General Theory of the First Amendment, 72 Yale L.J. 877, at 912－14 (1963).

13

홈즈와 브랜다이스의
'명백하고 현존하는 위험' 심사

1) 기원과 전개

수정헌법 제1조가 인준된 이후부터 제1차 세계대전 직전까지 미 연방대법원은 표현의 자유문제에 대해 좀처럼 자신의 견해를 표명하지 않았다. 1798년 외국인법과 치안방해법[140]의 의회 가결을 제외하고 연방의회는 자유로운 언론, 집회 또는 출판을 제한하는 법률을 제정할 수 없다는 수정헌법 제1조의 규정대로 순종해 왔다.[141] 그러

---

140) 1798년 6월 25일의 외국인법, 1798년 7월 14일의 치안방해법.
141) 제1차 세계대전 이전의 역사에 관해서는 Anderson, The Formative Period of First Amendment Theory, 1870–1915, 24 Am.J.Legal Hist. 56 (1980); Loenard Levy, Legacy of Suppression (1960); William Mayton, Seditious Libel and the Lost Guarantee of a Freedom of Expression, 84

나 제1차 세계대전에 참전한 미국이 여론에 의한 저항에 부딪혔을 때, 수정헌법 제1조에 대한 접근방식에 변화를 가져왔다. 제1차 세계대전 동안 사회주의자, 볼세비스트, 무정부주의자, 혁명주의자 등의 '적색 공포'(Red Scare)가 존재한 것이 그 변화의 원인이었다.

제1차 세계대전 동안 제일 먼저 희생당한 것 중의 하나는 '자유로운 표현'이었다. 그러나 민주주의의 초기인 예전 아테네 시대에 그리스 사람들은 표현의 자유가 자신들의 군대를 더 용감하게 만들었다고 일반적으로 믿었다. 그들은 우리가 자주 망각하는 교훈을 실행하였다. 헤로도투스(Herodotus)의 기록에 의하면, 아테네인들은 노예가 아닌, 자유로운 시민으로서 전투하였기 때문에 기원전 5세기 초반에 수적으로 많은 페르시아인에 대해 승리할 수 있었다고 한다. "이런 식으로 아테네의 힘은 성장했고, 평등은 이익이 된다는 것은 하나의 사례를 통해서가 아니라, 수많은 사례를 통해 입증되었다. 아테네가 독재자에 의해 통치되는 동안이, 아테네가 이웃나라에 의해 통치될 때보다 전쟁에서 결과가 더 좋지 않음을 보여주었기에, 아테네는 독재자를 타도하자마자 단연 최고가 되었다. 그 이유는 아테네인들이 자유롭게 되면, 각 개인들은 자신을 위하여 열성적으로 일을 완수하였기 때문이다."142)

자주 우리는 아테네의 진실을 잊어버린다. 자유로운 사람은 더 열정적으로 일한다. 왜냐하면 그들은 주인을 위해서가 아니라, 그들 스스로를 위해 일하기 때문이다. 한 마리의 여우를 포획하기 위해서 수많은 사냥개를 거느려야 하는 것도 같은 이치이다. 여우는 자기 자신을 위해 헌신하기에 더 열심히 활동한다. 미국은 난관이 없어서

Colum.L.Rev. 91 (1984); David Rabban, The Emergence of Modern First Amendment Doctrine, 50 U.Chi.L.Rev. 1205 (1983).
142) Herodotus, 4 vols. (Leob Classical Library, 1922−1931), 5:78 (3:87), I.F. Stone, The Trial of Socrates 50 (1988).

가 아니라, 자유로운 표현이 있기 때문에 강한 것이다.[143]

그럼에도 불구하고 연방의회는 국내의 정치적 불안에 대응하여 1917년 방첩법(Espionage Act)[144]과 1918년 치안방해법(Sedition Act)[145]을 가결하였다. 이러한 법률은 그 분위기가 자유로운 표현 보장의 확장적인 이해에 기여하지 못할 시점에 연방대법원이 수정헌법 제1조를 이해하는 기준을 발전시킬 수 있는 기회를 제공하였다.

처음으로 공산주의자들과 급진과격주의자들을 향해 팔머(Palmer) 공습을 목격한 때인 1919년 연방대법원은 자유로운 표현문제와 관련된 2개의 중요한 판결 *Schenck v. United States*[146]와 *Abrams v. United States*[147]을 선고하였다. 이 사건들에서 연방대법원은 처음으로 '명백하고 현존하는 위험' 이론을 언급하였다.

셍크 사건(The Schenck Case)

셍크(*Schenck*) 사건에서 연방대법원은 1917년의 방첩법(Espionage Act) 위반의 공모에 대해 상고인에 대해 유죄판결을 선고하였다. 상고인은 징병은 수정헌법 제13조 위반이라고 주장하며 징병대상자들에게 전단을 우송하였다.[148] 정부의 주장은 이러한 전단은 징병의

---

143) Rotunda, Pravo na svobody slova v voennoe vremiz v knostitutsii SShA: istoki I evoliutsiia, Pravo I zakonodatel'stvo, 2003, No.2, c. 63 −65; The Right of Freedom of Speech in Wartime In the Constitution of the USA: Sources And Evolution, Law and Legislation, 2003, No.2, pp.63−65.
144) 1917년 6월 15일의 방첩법, ch. 30, 40 Stat. 217.
145) 1918년 5월 16일의 치안방해법, ch. 75, 40 Stat. 553.
146) 249 U.S. 47, 39 S.Ct. 247, 63 L.Ed. 470 (1919).
147) 250 U.S. 616, 40 S.Ct. 17, 63 L.Ed. 1173 (1919).
148) 249 U.S. at 49−51, 39 S.Ct. at 247−49.

방해를 금지하는 방첩법 규정에 의해 금지되는 것이라는 것이다.

연방대법원을 대표하여 판결문을 작성한 홈즈(Holmes) 대법관은 국가안전에 대한 중대하고 즉각적인 위협을 방지하는 데 필요한 한도에서 표현의 자유에 대한 제한을 지지했고 유죄판결을 선고하였다.

> 자유로운 표현의 가장 설득력 있는 보호는 고의로 극장 안에서 불이야라고 외치며 혼란을 야기하는 사람을 보호하지는 않는다. 심지어 폭력의 영향력을 가진 발언에 대한 금지명령으로부터도 보호하지 않는다.……모든 사례에 있어서 문제는 사용된 용어가 연방의회가 방지할 권리가 있는 실질적 해악(substantive evils)을 초래할 명백하고 현존하는 위험(a clear and present danger)을 발생시키는 그러한 성질의 것이며 그리고 그러한 상황에서 사용되었는가 여부이다. 이것은 접근성과 정도(proximity and degree)의 문제이다.[149]

홈즈(Holmes) 대법관은 수정헌법 제1조상 보호는 전쟁 시 전쟁에 전력을 다하는 것을 방해하는 것을 표현의 보호로 확장해서는 안 된다고 결론지었다.[150]

Abrams v. United States 사건[151]에서 반대의견을 내세운 홈즈(Holmes) 대법관은 명백하고 현존하는 위험의 심사기준을 덧붙여 설명하였다. 연방정부는 "전쟁수행에 있어서 미국에 장애를 주거나 방해하려는 의도를 가지고"[152] 전쟁노력에 저항하고 전쟁물자생산의 감축을 독려하는 표현을 금지하는 개정된 방첩법 위반의 공모자인 상고인에 대해

---

149) 249 U.S. at 52, 39 S.Ct. at 249.
150) 셍크 사건을 기술한 일주일 후 홈즈 대법관은 비슷한 사건에서 유죄판결을 선고하면서 2개의 다른 견해를 기술했다. Frohwerk v. United States, 249 U.S. 204, 39 S.Ct. 249, 63 L.Ed. 561 (1919).
151) 250 U.S. 616, 624, 40 S.Ct. 17, 20, 63 L.Ed. 1173 (1919).
152) 1917년 6월 15일 방첩법, ch. 30, 40 Stat. 217, 개정 1918년 3월 16일, 40 Stat. 553.

유죄를 주장하였다. 상고인들은 러시아의 새로운 공산주의 정부를 진압하려고 노력하는 미국의 관여를 비판하는 팸플릿을 배포하였다.

아브람스(*Abrams*) 사건의 다수의견은 셍크(*Schenck*) 사건에서 기초된 홈즈(Holmes) 대법관에 의해 주장된 명백하고 현존하는 위험 심사기준에 영향을 받지 않았다. 상고인에 의한 표현의 '해로운 경향'(bad tendency) 때문에, 연방대법원의 다수의견은 비록 상고인의 형량이 20년이었지만 이를 인정하였다.153) 해로운 경향 심사기준하에서는 해로운 결과를 초래할 경향이 있는 형태의 표현이라면 그러한 표현은 금지될 수 있었다.

홈즈 대법관은 미국 비판석인 팸플릿이 독일에서 미국의 전쟁노력을 실질적으로 방해한다고 가정하는 어이없는 상황을 논증하면서 유죄판결을 선언한 연방대법원을 비판하였다. 법구조상 문제로서 홈즈 대법관은 유죄판결을 파기해야 했을 것이다. 그러나 홈즈 대법관은 헌법적 문제를 고려하는 방향으로 신속하게 생각을 전환하였다.

홈즈 대법관은 주장하기를, 정부는 "직접적인 해악이나 의도를 지닌 명백하고 현존하는 위험을 초래할 경우에만 표현의 자유를 제한할 수 있다……연방의회는 결코 국가의 사상을 변경하려는 모든 노력을 금지시킬 수 없다"고 하였다.154) 홈즈 대법관이 인정한 대로, 표현의 자유를 규율하는 법률이 정부를 위해서는 반대의견을 진압하는 것이 효과적인 방법일 수도 있을 것이나, ―궁극적인 선(善)은 사상의 자유로운 교류에 의해 더 효과적으로 도달될 수 있다. ―진리에 대한 최선의 심사는 시장의 경쟁 속에서 사상이 스스로를 수용시키는 힘에 있다.155)

홈즈 대법관은 비인기적 사상에 대한 지나친 억압을 경고했다.

---

153) 250 U.S. at 629, 40 S.Ct. at 21－22.
154) 250 U.S. at 628, 40 S.Ct. at 21.
155) 250 U.S. at 630, 40 S.Ct. at 22.

정부가 국가를 구하기 위해 즉각적인 통제가 필요하다는 적법하고 절박한 법률의 목적으로 즉각적인 개입을 하겠다는 것을 견제하지 않는다면, 우리는 죽도록 몹시 싫어하는 사상의 표현을 억제하려는 시도들에 대해 부단히 경계하고 있어야만 한다.156)

아브람스(*Abrams*) 사건에서 홈즈 대법관은 상고인이 수정헌법 제1조상의 권리를 행사한 이유로 부당하게 유죄판결을 받았다고 결론지었다.

지틀로 판결(The Gitlow Decision)

연방대법원은 '해로운 경향'(bad tendency) 심사기준을 계속적으로 사용하였고, 상고인을 보호하기 위해 명백하고 현존하는 위험 심사기준을 적용하는 것을 계속하여 꺼렸다. *Gitlow v. New York* 사건157)의 상고인들은 정부전복을 위한 폭력의 주창을 금지하는 뉴욕 주의 "범죄적 무정부주의법"(criminal anarchy statute) 위반으로 유죄판결을 받았다. 상고인들은 정치적 파업을 독려하는 급진적 성명서를 발간했고 배포하였다. 그 성명서를 받는 개인에게 어떠한 영향을 주었는지 증거는 없었다.

지틀로(Gitlow) 사건에는 '명백하고 현존하는 위험' 심사기준을 적용할 수 없다는 판단하에 지틀로에게는 무정부주의 범죄법으로 유죄판결을 하였다. 연방대법원은 법문상 어떠한 제한이 없고 법률규정이 특정한 행위를 금지하는 경우에만 '명백하고 현존하는 위험' 심사기준이 원용되어야 한다고 주장했다. 이 사건에서 정부는 상고인

---

156) 250 U.S. at 630, 40 S.Ct. at 22.
157) 268 U.S. 652, 45 S.Ct. 625, 69 L.Ed. 1138 (1925).

의 용어가 법률상 금지되는 결과를 초래한다는 것을 입증해야 했다. 그러나 지틀로(Gitlow) 사건에 있어서 연방대법원은 법률상 이미 지틀로의 발언들이 법률규정을 위반한 것으로 예정되었다고 판시하였다. 특정한 발언이 실질적 해악을 유발할 가능성이 있다는 정부의 결정은 숙고되지 못한 결과였고, 정부는 법률상의 합리적인 근거가 있다는 것만 입증하면 된다. 이는 특정한 용어가 '명백하고 현존하는 위험'을 유발하든 유발하지 않든 무관한 것이었다.158)

홈즈 대법관과 브랜다이스 대법관은 이에 반대하였다. 2인의 대법관은 '명백하고 현존하는 위험' 심사기준이 적정하게 적용되었다면, 정치적 개혁을 선동하는 상고인의 지루한 전단(성명서)은 실질적인 위험이 없다는 것이 명백했을 것이라고 판시하였다. 홈즈 대법관은 덧붙여 판시하기를, 만약 성명서가 정부의 안정을 급박하게 위협하였다면, 진압의 필요성이 있을 수 있다. 그러나 급박한 위험이 없다면 상고인은 수정헌법 제1조상의 권리를 행사할 권한이 있다고 결론지었다.

연방대법원의 다수의견은 납득할 수 없다. 왜 전단(성명서)이 급박한 위협을 나타낼 때까지 기다려야 하는가? 주(州)가 개혁을 주장하는 표현을 방지하여야 한다면, 왜 초기에 저지하지 않는가. 심지어 상고인의 전단이 지루하였더라면 왜 문제가 되어야 하는가? 만약 주(州)가 전단으로 사람들을 고무하는 것을 처벌한다면, 전단이 지루하다면 처벌할 수 없는 것 아닌가?

---

158) 268 U.S. at. 671, 45 S.Ct. at 632.

휘트니 판결(The Whitney Decision)

2년 후인 1927년 '명백하고 현존하는 위험' 심사기준은 다시 그 모습을 나타냈다. 그런데 이 시기에 이 심사기준은 의견의 일치를 보였다. *Whitney v. California* 사건[159]은 캘리포니아 공산노동당의 창당을 지원함에 의해 캘리포니아 범죄 신디칼리즘법을 위반한 것으로 휘트니(Whitney) 부인을 유죄판결하였다. 그 법률은 '범죄 신디칼리즘'을 정치적 또는 경제적 변화를 가져오기 위하여 '무력이나 폭력에 의한 범죄, 사보타지……또는 불법한 행위를 교사, 지원, 선동하는 주의'로 정의하고 있었다.

휘트니(Whitney)부인은 주장하기를 창당집회를 할 때, 자신은 오직 민주적 절차를 통한 정치적 개혁을 주장했을 뿐이라는 것이다. 그러나 집회참석자의 다수가 폭력과 테러에 의한 변화를 지지했다는 것이다. 그녀는 불법적 목적을 모르고 공산당을 지지했다고 말했다. 그녀는 주가 그 집회에 그녀가 단지 참석했다는 것을 이유로 그녀에게 유죄판결을 하였고 이는 결과적으로 적법절차를 거치지 않고 자신의 자유를 박탈한 것이라고 주장하였다.[160] 그러나 연방대법원은 배심이 그 집회에 그녀의 참석에 관한 사실문제를 인정하였고, 공산당의 통일적 행위가 주의 복리를 위협했으며, 휘트니(Whitney) 부인은 그 조직의 일원이었다는 이유로 유죄판결을 확인하였다.

---

159) 274 U.S. 357, 47 S.Ct. 641, 71 L.Ed. 1095 (1927).
160) 274 U.S. at. 363-67, 47 S.Ct. at. 644-45.

휘트니 판결에서 브랜다이스의 동조의견

이 시기에 홈즈 대법관이 아닌, 브랜다이스 대법관이 동조의견을
기술하였다(홈즈 대법관은 이 의견에 가담하였다). 브랜다이스 대법
관의 의견은 '의견일치'(concurrence)라는 명칭이 붙어있지만, 그 의
견의 내용은 반대의견처럼 해석된다. 브랜다이스 대법관은 특히 법
률의 제정이 '명백하고 현존하는 위험' 심사기준의 적용을 배제하는
지틀로(Gitlow) 판결에서 보여준 연방대법원의 견해에 대해 반박하였
다. "법률의 제정이 그 법률의 유효성에 있어 필수적인 사실들을 만
들어낼 수 없나"[161]고 브랜다이스 대법관은 주장하였다.

브랜다이스 대법관은 명백하고 현존하는 위험 심사기준을 정당화
하고 상세히 설명하기 시작하였다. 브랜다이스 대법관은 "주(州)는
일반적으로 대다수의 시민이 잘못되고 나쁜 결과를 가져올 것이라
믿는 사회적, 경제적, 정치적 원리의 유포를 금지할 권한이 없다"[162]
고 주장했다. 그는 헌법기초자들은 "자유를 목적이자 수단으로 평가
했다고 설득력 있게 설명했다. 헌법기초자들은 자유를 자유의 해결
열쇠가 되는 행복과 용기의 해결열쇠로 생각했다."[163] 자유로운 표
현은 유익할 뿐만 아니라, 사상의 자유시장의 비유 이상으로 자유로
운 표현을 지원한다. 자유로운 표현은 그 자체가 본래 그리고 자연
히 유익(善)하다.

또한 브랜다이스 대법관은 공공질서는 자유로운 표현에 의해 보장
된다고 주장했다. "억제는 증오를 낳고,……증오는 안정된 정부를 위

---

161) 274 U.S. at. 374, 47 S.Ct. at. 648 (브랜다이스의 동조의견).
   Nathanson, "The Philosophy of Mr. Justice Brandeis and Civil Liberties
   Today", in R. Rotunda, ed., Six Justices on Civil Rights 161－71
   (Oceana Publications, Inc. 1983).
162) 274 U.S. at. 374, 47 S.Ct. at. 648.
163) 274 U.S. at. 375, 47 S.Ct. at. 648.

협한다……안전의 길은 생각하는 불만과 제안된 시정책을 자유롭게 토론할 기회를 제공하는 데 있다……"164)

브랜다이스 대법관은 주(州)가 선동(incitement)을 설명할 필요성이 있다고 강조했다.

> 그러나 아무리 도덕적으로 비난할 만한 법위반의 주장이라도 선동에까지 미치지 않는 주장이고 그 주장이 즉시 행동으로 나타났다고 볼 만한 여지가 없다면 자유로운 표현을 거부할 정당성은 없다. 표현으로부터 나오는 위험은 우려되는 해악의 발생이 매우 임박하여서 충분한 토론의 기회가 주어지기 전에 그 해악이 발생할 경우가 아니면, 명백하고 현존하는 위험으로 간주할 수 없다.165)

표현이 생각 없이 표현된 경우에만, 즉각적인 행동은 수정헌법 제1조상 보호에서 제외된다. 실질적 문제는 전단(성명서)이나 표현자가 설득력 있는지 지루한지 또는 흥미로운지 단조로운지 여부가 아니다. 그 대신에 표현의 내용이 선동을 발생시킬 수 있는지가 중요한 것이다. 선동자가 군중을 선동할 때와 마찬가지로 표현의 내용이 즉각적인 행동을 유발할 경우, 사상의 자유시장을 논의할 여유가 없다. 브랜다이스 대법관은 자유로운 표현과 집회의 권리가 침해되는 상황에서 상고인은 명백하고 현존하는 위험이 실제적으로 존재하지 않았다고 주장함으로써 표현을 억제하는 상황과 대항할 수 있을 것이라고 주장한다. 브랜다이스 대법관은 휘트니(Whitney) 부인이 어떠한 심각한 해악이라는 명백하고 현존하는 위험이 집회행위로부터 발생하지 않았기 때문에 자신의 유죄판결은 무효라고 주장했어야 한다고 말했다. 그러나 휘트니(Whitney) 부인은 유죄에 대한 이의제기를 하

---

164) 274 U.S. at. 375, 47 S.Ct. at. 648.
165) 274 U.S. at. 376−77, 47 S.Ct. at. 648−49.

지 않았고 따라서 브랜다이스 대법관은 '명백하고 현존하는 위험'의 문제를 제기할 수 없었다고 말했다.166)

절차상의 문제 때문에 브랜다이스 대법관은 다수의견에 동조하였다. 그의 동조의견은 전적으로 반대의견이었으나, 제한된 절차상의 이유로 단지 유죄판결을 지지하는 명목상의 것이었다. 후년에 브랜다이스 대법관은 동조의견으로 이를 언급할 수 있었다. 판결이유를 밝히면서 동조의견에는 약간 더 많은 권위를 부여한다.

헌든 사건(The Herndon Case)

이 시기의 몇몇 사건 이후에 연방대법원은 표현의 주장에 대한 유죄판결을 파기하였다. 그러나 이것은 명백하고 현존하는 위험의 원칙에 의거한 것이 아니었다.167) 마침내 *Herndon v. Lowry* 사건168)에서 5 對 4의 결정으로 연방대법원은 사실상 지틀로(Gitlow) 심사기준을 거부하며, 정부전복의 선동 시도를 금지한 법률위반에 대한 유죄판결을 파기하였다. 연방대법원은 주는 위험한 경향이 있다는 것만으로 표현을 제한할 수 없다고 판시하였다. 비록 제한된 성격의 표현이라도 국가가 자유로운 표현의 권리를 제한할 권한은 "조직화된 정부에 대한 위험성의 합리적 우려가 있어야 정당화될 수 있다."169)

이러한 원칙을 사용한 직후 연방대법원은 명백하고 현존하는 위험 원칙의 적용을 확장하기 시작하였다. 몇 년 동안 '명백하고 현존하는

---

166) 274 U.S. at. 379, 47 S.Ct. at. 649.
167) Fiske v. Kansas, 274 U.S. 380, 47 S.Ct. 655, 71 L.Ed. 1108 (1927).
168) 301 U.S. 242, 57 S.Ct. 732, 81 L.Ed. 1066 (1937). Cf. De Jonge v. Oregon, 299 U.S. 353, 57 S.Ct. 255, 81 L.Ed. 278 (1937).
169) 301 U.S. at 258, 57 S.Ct. at 257.

위험' 심사기준은 수많은 사건에서 사용되었다. 그러나 이 원칙은 치안방해(sedition)에는 적용되지 않았다.[170] 가장 의미 있고 오늘날에도 명백하고 현존하는 위험이 적용되는 유형의 표현은 법정모욕의 일련의 사건이다. 법정모욕 사건 이외에 연방대법원은 정부가 다양한 형태의 표현을 제한할 때, 판단할 다양한 심사기준을 발전시켰다.[171]

2) 법정모욕사건에서 현재의 적용

법정모욕 사건과 관련하여 전통적으로 연방대법원은 어떠한 구두로 또는 문서로 된 법정에 대한 비판은 법원행정을 방해하고 따라서 이러한 법정에 대한 비판은 헌법적으로 보호되지 않는다고 판시해왔다.[172] 그러나 법정모욕 사건인 *Bridges v. California* 사건[173]에서 다수의견을 대표하여 판시한 블랙(Black) 대법관은 "실질적 해악이 극도로 심각하고, 급박성의 정도가 극히 높은 경우 재판비판발언은 처벌할 수 있다"고 말하면서 '명백하고 현존하는 위험' 심사기준을 적

---

170) Thornhill v. Alabama, 310 U.S. 88, 60 S.Ct. 736, 84 L.Ed. 1093 (1940) (평화적 피켓팅); Cantwell v. Connecticut, 310 U.S. 296, 308, 60 S.Ct. 900, 905, 84 L.Ed. 1213 (1940) (폭동의 명백하고 현존하는 위험을 처벌하는 주의 권한); West Virginia State Board of Education v. Barnette, 319 U.S. 624, 63 S.Ct. 1178, 87 L.Ed. 1628 (1943) (국기에 대한 경례); Terminiello v. Chicago, 337 U.S. 1, 4−5, 69 S.Ct. 894, 895−96, 93 L.Ed. 1131 (1949) (치안방해).

171) Cf. Redish, Advocacy of Unlawful Conduct and the First Amendment: In Defense of Clear and Present Danger, 70 Calif.L.Rev. 1159 (1982).

172) Toledo Newspaper Co. v. United States, 247 U.S. 402, 38 S.Ct. 560, 62 L.Ed. 1186 (1918).

173) 314 U.S. 252, 62 S.Ct. 190, 86 L.Ed. 192 (1941).

용하였다.174) 계류 중인 소송절차를 비판하는 상고인의 진술은 블랙
(Black) 대법관이 논증했듯이 자유로운 표현을 축소시키는 "실질적
해악"(substantive evil)을 유발할 가능성이 없었다.175) *Nebraska Press
Association v. Stuart* 사건176)에서 연방대법원은 명백하고 현존하는
위험이라는 용어를 사용하였고, 편파적인 공판 전(前) 자료를 보도하
는 것을 처벌하는 법원의 보도금지명령을 파기하였다.

연방대법원은 정부가 법정모욕 사건 이외의 표현, 예를 들면, 음
란이나 명예훼손 등의 다양한 형태의 표현을 제한할 때, 상충하는
이익들을 형량하는 다양한 심사기준을 사용하였다. 폭력의 주장, 치
안방해 또는 범죄 신디칼리즘과 관련한 사건에서조차도 '명백하고
현존하는 위험' 심사기준은 연방대법원이 이 심사기준을 사용할 만
하다고 고려하기 전에 상당한 수정을 겪었다.

---

174) 314 U.S. at 263, 62 S.Ct. at 194.
175) 314 U.S. at 270, 278, 62 S.Ct. at 197.
176) 427 U.S. 539, 562−63, 96 S.Ct. 2791, 2804−05, 49 L.Ed.2d 683
     (1976).

14

1950년대에 '명백하고 현존하는 위험' 심사의 수정

1950년대 초반에 연방대법원은 홈즈와 브랜다이스의 '명백하고 현존하는 위험' 원칙의 유효성을 재심사하기로 결정하였다. 냉전의 도래와 매카시 선풍과 함께 표현의 자유, 특히 정부비판적 표현이나 국가안보를 위협하는 표현은 심각하게 제한되었다. 이러한 표현 문제에 관해 연방정부와 직접적인 대결을 피하려고 한 연방대법원이 이 시대의 분위기를 자신의 판결에 반영하고 있다.

연방정부는 미국 공산당을 조직하기로 공모한 혐의로 스미스법(Smith Act) 위반이 문제된 *Dennis v. United States* 사건[177]에서 피고인들에게 유죄를 선언하였다. 그 공산당의 목적은 추정컨대 무력과 폭력에 의해 현존하는 정부를 전복하려는 것이었다.

연방대법원은 어떠한 다수의견을 내지 못한 채 판결하였다. 본인

---

177) 341 U.S. 494, 71 S.Ct. 857, 95 L.Ed. 1137 (1951).

과 다른 3인의 대법관을 대표하여 기술한 빈슨(Vinson) 대법원장은 연방의회는 표현을 제한하는 법률을 제정할 권한을 지니고 있다고 지적하였다. 빈슨(Vinson) 대법원장이 생각한 연방대법원이 판단해야 할 문제는 연방의회가 자유로운 표현을 제한하기 위해 사용하는 수단이 수정헌법 제1조상의 보장과 모순되는 것인지 여부였다. 빈슨(Vinson)은 이러한 문제는 '명백하고 현존하는 위험' 심사기준을 사용함으로써 가장 효과적으로 해결될 것이라고 판단했다.[178] 그러나 빈슨(Vinson)이 생각하는 심사기준은 홈즈와 브랜다이스의 '명백하고 현존하는 위험' 원칙과는 결코 동일한 것이 아니었다.

빈슨(Vinson)이 재공식화한 명백하고 현존하는 위험 심사기준은 2단계로 이루어져 있다. 첫째, 연방정부는 표현을 제한할 실질적인 이익을 입증해야 한다. 연방의회는 정부전복의 폭력을 방지할 실질적인 이익을 지녀야 한다. 둘째, 입법에 있어서 제한되는 표현이나 행위가 '명백하고 현존하는 위험'에 해당한다는 것을 입증해야만 한다.

> 정부가 특정한 조치를 취하기 전에 정부는 정부전복이 실행되려고 할 때까지 기다려야만 한다는 것을 의미하지 않는다.……정부전복을 겨냥한 어떤 단체가 그 단체의 소속원들에게 사상을 주입시킨다는 것을 정부가 알고 있다면,……정부의 조치는 필요하다……폭력에 의한 정부전복의 시도가 비록 혁명가들의 수나 힘의 부족 때문에 애당초부터 실현가능성이 없는 것이라도 의회가 이를 방지할 충분한 해악이 된다.[179]

정부전복과 같은 보다 극단적인 위험을 주장하는 표현은 그 위험성이 보다 덜할 지라도 금지될 수 있다. 빈슨(Vinson) 대법원장은 성공가능성이 위험의 명백하고 현존한지를 판단하는 기초가 되어야 한

---

178) 341 U.S. at 501-05, 71 S.Ct. at 863-65.
179) 341 U.S. at 509, 71 S.Ct. at 867.

다는 주장은 더 이상 현실적이지 않다고 주장하였다.

연방대법원의 빈슨(Vinson) 대법원장은 이 재공식화된 원칙을 이미 해석한 하급심의 핸드(Learned Hand) 법원장의 견해를 인용하였다.

각각의 사건에서 법원은 실현의 불가능성에 의해 무시되는 "해악"의 중대성 여부를 심사해야 한다. 위험을 피하기 위해 필요한 정도로 자유로운 표현을 침해하는 것은 정당화된다.[180]

즉 주장하는 행위의 중대성이 크면 클수록, 정부 개입을 정당화할 수 있는 명백하고 현존하는 위험은 적어진다. 혁명의 주장은 실제로 중대하여, 그 위험이 명백하거나 현존할 필요가 없다. 다시 말하면, 명백하고 현존하는 위험의 심사기준은 자유로운 표현에 있어서 상충하는 이익에 있어서 위험의 중대성을 평가하기 위한 가장(假裝)된 이익형량 심사기준이 되었다.

상고인들의 혁명 주장의 공모는 비록 그 주장이 단지 공모과정에 있었을지라도 '명백하고 현존하는' 위험이 되었다.

이는 위험을 발생시키는 공모가 존재한다.……만약 반항의 요인들이 현존한다면, 우리는 기폭제가 더하여질 때까지 정부가 기다리도록 정부를 묶어둘 수 없다.[181]

명백하고 현존하는 위험의 빈슨(Vinson)과 핸드(Hand)의 재공식은 실제에 있어서 급진적인 정치적 주장은 거의 보호를 받을 수 없다는 것을 의미한다. 왜냐하면 이러한 주장은 항상 국가의 위협처럼 판단될 것이고 따라서 가장 중대하게 발생할 수 있는 해악이 될 것이다.

---

180) 341 U.S. at 510, 71 S.Ct. at 868.
181) 341 U.S. at 511, 71 S.Ct. at 868.

"이 심사기준은 솔직히 현대적 스타일로 장식된 '막연한 해로운 경향'(the remote bad tendency) 심사기준이다."[182]

전통적인 범죄공모법하에서 정부는 몇몇 공공연한 행위로 협력된 범죄공모를 매번 기소할 수 있었다. 그러한 범죄공모에 대한 기소에는 전형적인 공모의 요건들을 입증하는 부담을 정부에 부과하였다. 이는 "정부전복이 실행되려고 한다는 것" 사실을 입증할 필요가 없었다.[183] 그러나 '주장'에 근거한 공모는 전형적인 공모 사건에 해당되지 않는다. 왜냐하면 주장은 자유로운 표현에 해당하기 때문이다. 데니스(Dennis) 사건에서 증명된 정부의 의도는 경향과 개연성에 대한 상대적으로 완화된 입증책임만을 부담하려는 계획이었다.

프랭크퍼터(Frankfurter) 대법관은 상고기각결정에 동조하였다. 그러나 상고인에게는 매정한 것이었다. 프랭크퍼터(Frankfurter) 대법관은 매우 강직하게 '명백하고 현존하는 위험' 심사기준을 비판했다.

> 국가안전의 이익뿐만 아니라 민주주의 사회에서 자유로운 표현의 요구는 사법절차의 범위 안에서 상충하는 이익 간의 공정하고 비공식적인 비교형량에 의해 더 잘 충족될 수 있다.[184]

프랭크퍼터(Frankfurter) 대법관은 지틀로(Gitlow) 사건에서 자신은 유죄판결을 확인하지는 않았을 것이라고 말했다. 왜냐하면 그때의 상황이 심각한 중대성이 있음을 정당화하지 못했을 것이라고 한다. 그러나 프랭크퍼터 대법관은 1951년 정부가 당면한 데니스(Dennis) 사건에서의 공모는 국가질서와 안전에 실질적인 위협이 존재한다는 입법적 판단을 정당화하였다. 프랭크퍼터(Frankfurter) 대법관은 표현을 제

---

182) Shapiro, Freedom of Speech: The Supreme Court and Judicial Review 65 (1966).

183) Nathanson, The Communist Trial and the Clear−and−Present−Danger Test, 63 Harv.L.Rev. 1167, 1172−73 (1950).

184) 341 U.S. at 524−25, 71 S.Ct. at 875 (프랭크퍼터(Frankfurter) 대법관의 동조의견).

한하는 법률의 합헌성을 판단하는 데 있어서 현재의 명백하고 현존하는 위험 원리의 대체수단으로서 "이익형량" 심사기준을 수용할 것을 주장하였다. 그는 모든 세대가 사전제한을 행하는 해악을 인식할 수 있는 해악으로 판단한 반면, 국가질서와 안전을 공격하는 해악을 심각한 해악으로 인식하지 못하고 있다고 주장했다.

Yates v. United States 사건185)은 데니스(Dennis) 사건의 재공식화된 명백하고 현존하는 위험 원칙으로부터 후퇴하였다. 예이츠(Yates)와 다른 공산당원들은 "폭력에 의해 연방정부전복의 필요성을 주장하고 교육하며" 이러한 혁명을 수행하는 공산당을 소식하려는 공모에 대해 스미스법(Smith Act) 위반으로 유죄판결을 받았다.186) 연방대법원은 연방지방법원 재판부가 데니스(Dennis) 선례를 부정확하게 해석했다고 판시하였다.

연방대법원의 견해에서 할랜(Harlan) 대법관은 연방지방법원은 "데니스(Dennis) 사건은 명백히 '추상적인 원리의 주장'과 '행동의 주장' 간의 전통적인 구분을 망각했다"187)고 보았다. 데니스(Dennis) 판결에 근거하면서 연방대법원은 그 법률이 실제적으로 폭력적 개혁을 선동하는 주장과 강제적인 정부전복의 단지 추상적인 원리만이 아닌 행동을 금지한다는 것을 배심원에게 설명하려 하지 않았다.188) 연방의회는 연방대법원이 판시한 "행동과 분리되는 원리에 초점을 둔 것이 아니라, 강제적인 정부전복을 위한 구체적인 행동의 주장과 교육에 초점을 둔 스미스법(Smith Act)을 의도하였다"는 것은 입법과정을 보면 명백하다.189)

---

185) 354 U.S. 298, 77 S.Ct. 1064, 1 L.Ed.2d 1356 (1957).
186) 18 U.S.C.A. §§ 371, 2385.
187) 354 U.S. at 315−18, 77 S.Ct. at 1075−77.
188) 354 U.S. at 312−13, 77 S.Ct. at 1073−74.
189) 354 U.S. at 319−20, 77 S.Ct. at 1077.

할랜(Harlan) 대법관은 주장하기를, 데니스(Dennis) 판결의 핵심은 만약 단체의 교육 및 준비가 단체의 상황, 규모, 실행을 살펴볼 때 그 폭력적 행동이나 개혁을 발생시킬 수 있을 것이라는 신뢰할 만한 합리성이 있다면, 즉각적이거나 미래적인 폭력행동을 위한 단체의 교육 및 준비는 헌법적으로 보호받지 못한다는 것이다.

데니스(Dennis) 사건은 다소간의 미래시점을 목표로 선동적 **주장**을 한 공모와 관련된 것이 아니라, 오히려 미래에 폭력적 **행동**의 착수를 현재 주장한 공모로 인해 관련된 것이었다. 이는 '상황'이 '가능'할 때까지 연기될 수 있는 **주장**이 아니라, **행동**이었다.[190]

할랜(Harlan) 대법관은 상고인의 진술은 원리를 주장한 것이고 행동을 주장하지는 않았다고 결론지었다. 실질적인 행동이나 행동가능성의 입증 없이 연방대법원은 유죄판결을 인정해서는 안 될 것이다.[191]

예이츠(Yates) 사건은 공산당원의 기소에 목적을 둔 것이 아니었다. *Scales v. United States* 사건[192]에서 연방대법원은 스미스법(Smith Act)의 회원조항 위반에 대한 상고인의 유죄판결을 확인하였다.[193] 원심법원은 상고인들이 '가능한 한 신속하게 상황이 가능할 경우' 폭력적 개혁과 정부전복을 주장했고, 자신들의 교육이 불법이라는 것을 인식하고 있었던 적극적인 공산당원이라고 판시하였다.

할랜(Harlan) 대법관은 연방대법원의 의견을 개진하면서 회원조항의 해석이 "단지 그들의 결사와 찬성에 기초해서만 개개인에게 유죄"[194]를 선고하지 않았다고 지적하면서 하급법원의 판결을 지지하

---

190) 354 U.S. at 324, 77 S.Ct. at 1079−80.
191) 예이츠(Yates) 사건은 5명 피고들의 유죄선고를 파기하였고, 나머지 9명에게는 재심명령을 하였다.
192) 367 U.S. 203, 81 S.Ct. 1469, 6 L.Ed.2d 782 (1961).
193) 18 U.S.C.A. § 2385.

였다. 할랜(Harlan) 대법관은 판시하기를,

> 해석상 그 법률(스미스법)은 유죄의 인식과 의도를 지닌 '적극적인'
> 회원에게만 적용되도록 해석되고, 반대로 해석하면 그러한 범행수행의
> 지원에 있어 어떤 중요한 행동이나 헌신을 수반하지 않은 이른바 범
> 죄계획만 지니고 찬성의 표현만으로 간주될 수 있는 경우에는 유죄판
> 결을 방지하려는 것이다.195)

비록 스케일스(Scales) 사건의 재판기록이 즉각적인 폭력의 주장임
을 증명하지 못했지만, 예이츠(Yates)와 데니스(Dennis) 판결의 한정
적 조건을 충족하면서 폭력적 정부전복에 대한 미래의 행동을 위한
현재의 주장이라는 입증을 하였다.

> 폭력적 정부전복을 위한 미래의 행동을 위한 현재의 주장이 그러한
> 목적의 즉각적 행동을 주장하는 것과 마찬가지로 법률상 및 헌법상
> 조건을 충족한다는 것은 데니스(Dennis) 및 예이츠(Yates) 판결에서 명
> 백하게 의심할 바 없게 되었다.……이러한 재판기록은 즉각적인 정부
> 전복을 위한 주장을 입증할 수 없기 때문에 불충분하다고 생각할 수
> 는 없다.196)

상고인들의 폭력적 개혁주장은 미래의 개혁행동을 위한 지침이 되
기를 의도한 것이었고, 결과적으로 스미스법(Smith Act)을 위반하였
다. 재판기록이 적어도 미래의 행동을 위한 주장임을 입증하지 못했
다면, 연방대법원은 공산주의당원들의 기소를 각하했어야 했다.197)

---

194) 367 U.S. at 220, 81 S.Ct. at. 1481−82.
195) 367 U.S. at 228, 81 S.Ct. at. 1486.
196) 367 U.S. at 251, 81 S.Ct. at. 1497.
197) 예를 들면, Noto v. United States, 367 U.S. 290, 81 S.Ct. 1517, 6
    L.Ed.2d 836 (1961).

더글라스(Douglas) 대법관은 이러한 전반적인 이론에 대해 반대하였다. 그는 적색공포(Red Scare)를 의식하지 않았다. 그는 "범죄의 본질은……오직 신념이다." 그리고 그 신념은 "수정헌법 제1조상 권리의 전통적 개념에서 명확히 탈피"하였다고 주장하였다.198)

데니스(Dennis)와 예이츠(Yates) 판결 이후, 연방대법원은 대부분에 있어서 '명백하고 현존하는 위험' 원칙은 받아들여지지 않았다.199) 홈즈(Holmes) 대법관에 의해 정의된 '명백하고 현존하는 위험' 원칙은 자유로운 표현에 대한 정부의 침해를 제한하기 위해 실행가능한 심사기준으로서 받아들여지지 않았다. 그 당시의 사람들에게 있어서 공산주의 정권의 냉전 위협은 실질적인 것이었다. 수정헌법 제1조상의 보호가 부정되기 전에 표현으로부터 유발된 위험은 급박한 위험이어야만 한다는 요건은 공산주의를 두려워하며 사는 사람들에게는 불안한 것이었다.200) 따라서 결과적으로 '명백하고 현존하는 위험' 원칙은 '이익형량'의 심사기준으로 대체되었다. 이러한 판례법은 명백하고 현존하는 위험 심사기준의 제3단계를 출현시키게 되었다.

---

198) 367 U.S. at 262−65, 81 S.Ct. at. 1503−04.
199) Brennan, The Supreme Court and the Meikle−john Interpretation of the First Amendment, 79 Harv.L.Rev. 1, 8 (1965).
200) Emerson, Toward a General Theory of the First Amendment, 72 Yale L.J. 877, 911 (1963).

15

브란덴버그 심사

홈즈와 브랜다이스의 '명백하고 현존하는 위험' 원칙은 연방대법원이 비인기적 사상의 주장을 보호하는 데 초점을 두었던 1960년대 후반 내내 발전하였다. 홈즈와 브랜다이스의 '명백하고 현존하는 위험' 원칙의 변화는 특히 1960년대 후반에 판결한 3사건(*Bond v. Floyd,*[201] *Watts v. United States,*[202] *Brandenburg v. Ohio*[203]))에서 명확히 나타났다.

---

201) 385 U.S. 116, 87 S.Ct. 339, 17 L.Ed.2d 235 (1966).
202) 394 U.S. 705, 89 S.Ct. 1399, 22 L.Ed.2d 664 (1969).
203) 395 U.S. 444, 89 S.Ct. 1827, 23 L.Ed.2d 430 (1969).

줄리안 본드 사건(The Julian Bond Case)

Bond v. Floyd 사건204)에서 조지아 주의회 의원들은 정식으로 당선된 대표자(주의원 줄리안 본드) 선출권에 대해 소송으로 다투었다. 본드(Bond)는 미국의 베트남전쟁에 개입과 징병법 시행을 비판하면서 공식적으로 학생비폭력협력위원회(SNCC)에 의해 발행된 성명서를 지지한다고 표현하였다. 조지아 주의회는 본드(Bond)가 선의(善意)로 헌법을 준수하겠다는 의무선서를 할 수 있었는지를 판단하기 위한 특별청문회를 실시하였다. 청문회에서 본드(Bond)는 공직선서를 기꺼이 할 수 있다고 주장하였다. 본드(Bond)는 자신들의 징병카드를 불태운 사람들을 지지하나, 그는 자신의 징병카드를 소각하지도 않았고 다른 사람이 징병카드를 소각하도록 조언하지도 않았다고 증언하였다.205) 조지아 주의회는 본드(Bond)로 하여금 선서하게 하거나 취임하도록 강제하지 않았다.

연방대법원은 조지아 주의회가 본드(Bond)의 자유로운 표현권을 침해했다고 판시하였다. 워런(Warren) 대법원장은 판시하기를, 비록 공직선서가 헌법적으로 유효하더라도 이 공직선서 요건이 주의회의 다수에게 헌법충성선서에 있어서 정당하게 선출된 주의원의 진실성에 대한 이의제기권한을 부여하지는 않았다고 하였다. 그러한 권한은 다수의 견해와 상이한 주의원의 반대의견을 억제하는 데 사용될 수 있다.206)

워런(Warren) 대법원장은 연방법하에서 본드(Bond)에게 유죄판결하는 것은 위헌이 될 수 있다고 판단했다. 왜냐하면 본드(Bond)의 진술은 징병에 대한 불법적 거부 발언으로 해석될 수 없기 때문이

---

204) 385 U.S. 116, 87 S.Ct. 339, 17 L.Ed.2d 235 (1966).
205) 385 U.S. at 123−24, 87 S.Ct. at 343−44.
206) 385 U.S. at 132, 87 S.Ct. at 347−48.

다. 본드(Bond)는 실제로 사람들에게 법을 위반하도록 선동한 것이
아니라, 징병에 대한 법적 대안을 주장했던 것이 명백했다.

왓츠 판결(The Watts Decision)

변화된 '명백하고 현존하는 위험' 원칙의 흔적은 *Watts v. United
States* 사건207)에 명백히 남아 있다. 연방대법원의 전원재판부 판결에
서 "대통령에 대한 신체적 해악을 가하려고 또는 살해하려고 고의로
또한 자발적으로 ……위협"하는 것을 금지하는 법률을 위반한 상고인
에 대해 유죄판결을 파기하였다. 워싱턴에서의 공공집회 기간 동안
왓츠(Watts)는 다음과 같이 말하면서 자신의 예정된 징병신체검사에
불응하겠다고 발언하였다.

> 만약 그들이 나에게 집총하게 한다면 내가 발사하기를 원하는 첫
> 번째 사람은 나의 관점에서 보면 L.B.J.(린든 B 존슨 대통령)이다. 그
> 들은 나에게 나의 흑인형제들을 죽이도록 원하고 있지 않다.208)

그 법률은 문면상 합헌으로 판결되었다. 국가는 명백히 대통령을
보호할 정당한 이익을 가지고 있다. 그러나 특정한 형태의 순수한
표현을 범죄화하는 법률은 수정헌법 제1조를 고려하여 해석하여야
한다. "무엇이 위협인지는……보호되는 표현이 무엇인지와 구별되어
야만 한다."209)
연방대법원은 왓츠(Watts)의 발언은 "정치적 과장"이었지, 진실한

---

207) 394 U.S. 705, 89 S.Ct. 1399, 22 L.Ed.2d 664 (1969).
208) 394 U.S. at 706, 89 S.Ct. at 1401.
209) 394 U.S. at 707, 89 S.Ct. at 1401.

위협은 아니었다고 판시하였다. 그 상황에서 연방대법원의 판단으로는 청취자들이 왓츠의 발언에 비웃었던 그 비평과 사실의 상황적 성격상 그 발언이 단지 정치적 신념의 표현으로서 해석될 수 있다고 보였다. 표현의 상황이 글자 그대로 폭력의 *선동*(incitement)이 되었다면, 연방대법원의 판결은 달라졌을 것이다. 그 상황에서 선동의 위험은 없었다.

본드(Bond) 사건에 있어서 중요한 판단은 상고인이 불법적인 행동을 *선동*(incitement)한 것이 아니라, 정부에 대한 단순한 불만을 표현했다는 사실이었다. 이러한 구별은 브랜다이스 대법관이 *Whitney v. California* 사건210)에서 자신의 동조의견에서 주장한 것과 동일한 구별기준에 근거한 것처럼 보인다. 왓츠(Watts) 사건에서도 역시 그 발언이 대통령에게 명백히 급박한 위협을 주지 않는다고 연방대법원이 결론지었기에, 상고인의 유죄판결은 파기되었다.

브란덴버그 심사기준(The Brandenburg Test)

*Brandenburg v. Ohio*211) 사건은 최상의 전원재판부의 의견이었다. 매우 중요한 의미를 지니는 판결이었다. 워런(Warren) 대법원은 '명백하고 현존하는 위험' 원칙을 논증하면서 그 영향을 받았다. 그러나 *브란덴버그*(Brandenburg) 사건은 자유로운 표현의 보호가 명확하게 존재한다고 확인하는 문맥상이나 강조점에 있어서 결정적인 차이를 지닌다.

브란덴버그(Brandenburg) 판결은 *휘트니*(Whitney) 판결212)을 판례

---

210) 274 U.S. 357, 372−80, 47 S.Ct. 641, 647−50, 71 L.Ed. 1095 (1927).
211) 395 U.S. 444, 89 S.Ct. 1827, 23 L.Ed.2d 430 (1969).
212) 274 U.S. 357, 47 S.Ct. 641, 71 L.Ed. 1095 (1927).

변경하였으나, 의미심장하게도 '명백하고 현존하는 위험'의 심사기준을 명백히 언급하고 있지 않다. 그러나 *브란덴버그*(*Brandenburg*) 판결은 '해로운 경향'과 '이익형량'이 널리 압도하고 있던 시대에 이를 거부하고 새로운 심사기준을 채택한 것이다.

브란덴버그(*Brandenburg*)는 오하이오(Ohio) 주 범죄 신디칼리즘법을 위반한 Ku Klux Klan의 지도자로서 유죄판결이 파기되었다. 항소인은 폭력을 통해 정치적 개혁을 주장함으로써 그리고 범죄 신디칼리즘을 교육하기 위해 형성된 집단을 결성시킴으로써 유죄판결을 받았다. 항소인과 동일시되는 어떤 사람이 KKK지부 집회에 참석한 것으로 텔레비전 뉴스는 각색되었다. 그 뉴스가 집회에서 제작되는 동안, 추정컨대 *브란덴버그*(*Brandenburg*)를 포함한 KKK지부의 회원들은 의사당으로 행진할 단체계획을 논의하였다.

연방대법원은 오하이오(Ohio)주법과 유사한 캘리포니아(California)주 범죄신디칼리즘법을 *휘트니*(*Whitney*) 판결에서 합헌으로 판시하였다. 그러나 이후의 판결에서 *휘트니*(*Whitney*) 판결은 번복되었다. 연방대법원은 어떤 주장이 사람들에게 급박한 행동을 하도록 선동하지 않는 한, 폭력의 주장은 수정헌법 제1조에 의해 보호받는다고 판시하였다. 문제해결의 관건은 '선동'(incitement)이다. 화자(話者)가 생각 없이 나온 표현이나 즉각적인 불법적 행동의 사용 시에, 그 화자(話者)는 본래 표현의 실수를 교정할 사상의 시장에서 더 많은 표현에 의존할 수 없게 된다. 즉 결코 교정할 충분한 시간이 주어지지 않게 된다. 이러한 표현은 논쟁이 아닌, 선동이나 생각 없는 행동을 유발하게 된다.

범죄 신디칼리즘법은 불법적 행동의 결과를 방지할 중요한 이익을 가진다. 그 상황은 사람이 군집된 영화관에서 거짓으로 불이야라고 외치는 사람으로 비유된다. 이 사건에서 논리적인 논쟁을 위한 시간적 여유는 없다. 따라서 *브란덴버그*(*Brandenburg*) 사건에서 주(州)는

(1) 화자(話者)가 *주관적으로* 선동을 *의도했고*, (2) 그 상황에서 발언이 즉각적이고 불법적인 행동을 일으킬 가능성이 존재했으며, (3) 화자(話者)에 의해 사용된 발언이 *객관적으로 자극을* 하였고 선동으로 작용했다는 것을 입증하여야 한다. 화자(話者)에 의해 사용된 객관적 발언에 중점을 둔, 심사기준의 세 번째 조건은 이하에서 다루는 *Hess v. Indiana* 사건213)으로부터 도출되었다.

브란덴버그(Brandenburg) 사건에서 불법적 행동을 주장하는 표현을 제한하는 법을 판단하는 새로운 심사기준을 채택하였다. "폭력의 사용 또는 법위반의 주장이 직접적으로 즉각적인 불법행동의 선동 내지 야기를 겨냥하고 있고 선동 내지 야기할 가능성이 있는 경우를 제외하고는 주가 불법적 행동의 주장을 금지할 수 없다."214) 추상적인 원리를 단지 교육하는 것은 폭력적 행동으로 나아가도록 단체를 지도하는 것과 동일하지 않다. 더욱이 그 법률은 명확히 규정되었어야 하며, 만약 그 법률이 '원리의 주장'과 '행동의 주장'을 구분하지 못하고 있다면, 이는 수정헌법 제1조상의 자유를 박탈하는 것이다.

오하이오(Ohio)주법에 정의된 '범죄 신디칼리즘'은 *브란덴버그(Brandenburg)* 심사기준을 충족할 수 없었다. 오하이오(Ohio)주법은 범죄 신디칼리즘을 전파할 의도를 지닌 폭력적 정치개혁의 지도 또는 범죄 신디칼리즘을 주장하는 단체의 집회를 금지하였다. 항소심에서는 '선동'과 '주장'을 구별하려고 했던 어떠한 시도도 없었다. 따라서 오하이오(Ohio)주법은 수정헌법 제1조와 제14조를 위반하였다. 단지 Ku Klux Klan이 원리를 주장하는 것과 자신들의 신념을 주장하기 위한 Klan 지부 회원들의 집회를 처벌하는 법은 위헌이 된다.

더글라스(Douglas) 대법관은 중요한 단서를 두면서 별도의 동조의견을 제시하였다. 그는 이 사건 어디에서도 수정헌법 제1조상의 권

---

213) 414 U.S. 105, 94 S.Ct. 326, 38 L.Ed.2d 303 (1973).
214) 395 U.S. at 447, 89 S.Ct. at 1829.

리와 관련하여 '명백하고 현존하는 위험'의 심사기준을 사용할 여지가 없다고 주장하였다. 또한 그는 '명백하고 현존하는 위험'의 심사기준은 현존하는 정부를 비판하는 표현을 헌법적으로 보호하기를 거부하려면 쉽게 조작될 수 있다면서 명백하고 현존하는 위험의 심사기준에 회의적이었다.215)

브란덴버그(Brandenburg)의 새로운 원칙은 강한 주장에 대한 넓고 새로운 보호를 제공한다. 이 원칙의 중점은 화자(話者)의 선동적 발언에 있다. 즉 표현이 *즉각적*이고 생각 없는 불법적 행동의 야기를 의도해야 할 뿐만 아니라, 실제로 그 상황이 성공할 가능성이 있는 목적을 조성했다는 것을 입증할 요구를 추가한, *객관적* 발언에 초점을 두고 있다.216)

헤스 대 인디아나 사건에서의 의견(The Opinion in *Hess v. Indiana*)

워런(Warren) 대법원 이후 결정인 *Hess v. Indiana* 사건217)은 연방대법원이 *브란덴버그*(Brandenburg) 사건에서 제시한 심사기준을 신중하고 엄밀하게 적용하였다는 것을 보여준다. 헤스(Hess)는 반전시위 중 "우리는 나중에 도로를 다시 점거할 것이다"라고 외쳤을 때, 무질서한 행위를 한 이유로 체포되어 유죄판결을 받았다. 2명의 증인은 헤스가 경찰에 의해 정리된 도로로 진입하는 시위자들을 권고하는 것처럼 보이지 않았고, 헤스는 군중을 향하여 서 있었고, 헤스

---

215) 395 U.S. at 450-52, 89 S.Ct. at 1831-32.
216) Gunther, Learned Hand and the Origins of Modern First Amendment Doctrine: Some Fragments of History, 27 Stan.L.Rev. 719 (1975).
217) 414 U.S. 105, 94 S.Ct. 326, 38 L.Ed.2d 303 (1973).

의 목소리는 컸지만 그의 목소리는 다른 시위자들의 목소리보다 크지 않았다고 증언하였다.218) 인디아나(Indiana) 주대법원은 실제로 그의 발언은 그 이상의 폭동행위를 선동할 의도를 지녔고 그러한 결과를 야기할 가능성이 있었다는 원심법원의 판결을 지지하였다.

연방대법원은 전원일치로 유죄판결을 파기하면서 판시하기를,

> 좋게 보면……그 발언은 현재의 온건한 행동을 위한 권고로 인식될 수 있다. 반대로 나쁘게 보면 불특정 장래의 시기에 불법적 행동의 주장 이상은 아니다. 이것은 헤스(Hess)의 표현을 주가 처벌하기에 충분하지 않다는 것이다. 이러한 판결하에서 자유로운 표현과 자유로운 언론의 헌법적 보장은 폭력의 사용이나 법위반의 주장이 직접적으로 즉각적인 불법행동의 선동 내지 야기를 의도하고 있고 선동 내지 야기할 가능성이 있는 경우를 제외하고는 주가 그러한 주장을 금지할 수 없다.219)

연방대법원은 헤스(Hess)의 표현이 "어떤 사람이나 단체를 겨냥한 것이 아니었기" 때문에 헤스(Hess)는 즉각적인 무질서를 야기하는 행동을 주장하지 않았고, 따라서 헤스(Hess)의 발언은 무질서한 행위 규정을 위반하지 않았다고 결론지었다.220)

원래의 '명백하고 현존하는 위험' 심사기준보다 더 강경하게 표현되고 엄격하게 적용되는 심사기준인 새로운 *브란덴버그(Brandenburg)* 심사기준은 범죄적 행동을 주장하는 표현이 헌법적으로 처벌될 수 있을 때, 그러한 사건의 판단을 위한 현재에 있어서 적절한 기준이 된다. 선동 그리고 즉각적이고 생각 없는 불법적 행동, 또한 화자(話者)의 객관적 발언을 강조하면서 브란덴버그 심사기준은 수정헌법 제1조 보장

---

218) 414 U.S. at 106-07, 94 S.Ct. at 327-28.
219) 414 U.S. at 108, 94 S.Ct. at 328.
220) 414 U.S. at 108-109, 94 S.Ct. at 328-29.

의 효과적인 기준을 제공하고 있다.

  화자(話者)가 앤토니(Marc Antony)의 시저(Caesar)를 위한 장례 추도사와 같은 글자 그대로 행동을 주장하지 않는 표현사용에 의해 폭력을 주장하는 상황을 연방대법원이 직면하게 되면, 정부는 *브란덴버그(Brandenburg)* 심사기준에 의한 보호를 포기하고 그 대신에 선동이라는 문구보다는 오히려 폭력의 근접성을 고찰하라고 연방대법원에 촉구할 것이다. 그러나 연방대법원이 *브란덴버그* 심사기준에 충실하면, 앤토니(Marc Antony)의 표현은 보호될 것이다.

16

표현의 사전제한(事前制限)과 사후처벌(事後處罰)의 구별

보통법(普通法)의 배경

교회나 국가의 사전허가를 받지 않고 출판할 수 없었던 1695년, 영국허가제의 폐지 이래로[221] 사전제한은 사후처벌보다 자유로운 표현에 근본적인 침해로 간주되었다. 수정헌법 제1조가 표현의 사전적 제한으로부터의 자유만을 의미하는 것은 아님에도 불구하고, 사전제한은 여전히 사후처벌보다 더 심각한 것으로 간주되었다. 연방대법원이 인정한 바대로, "출판의 자유는 ……사전제한이나 검열로부터의 해방을 의미한다."[222]

---

221) Near v. Minnesota, 283 U.S. 697, 713−14, 51 S.Ct. 625, 630, 75 L.Ed. 1357 (1931).

222) Near v. Minnesota, 283 U.S. 697, 716, 51 S.Ct. 625, 631, 75 L.Ed. 1357 (1931). 참조 New York Times Co. v. United States, 403 U.S. 713, 714,

음란이라는 특별한 문제

현대에 있어서 사전제한은 일반적으로 검열위원회에 의한 허가의 시스템이라기보다는 법원의 금지명령(injunction)의 형태로 이루어지고 있다. 유일하고 중요한 예외는 법원의 조치 이전에 검열위원회에 의한 심사에 의해 종종 검열될 수 있는 '음란한 표현의 경우'이다.

법원들은 '음란'이 자유로운 표현이라는 수정헌법 제1조상의 보장에 의해 보호되지 않기 때문에 음란물의 사전제한을 묵인해 왔다. 그러나 음란한 표현의 사건의 경우에 있어서 사전제한은 여전히 위헌의 의심이 간다. 여기서는 주로 정치와 관련하여 발생하는 것을 제외하고 표현의 다른 형태의 사전제한을 다루겠다.223)

사전제한과 사후처벌의 비교

일정한 표현이 처벌된다면, 사람들이 표현을 하는 과정에서 금하거나 표현을 한 후에 처벌하는 것의 실질적 차이가 있겠는가? 표현의 '자유시장'이론은 사전제한과 사후처벌 사이의 구별을 기초로 한다. 사후처벌이 어떤 표현자의 표현을 막는 반면, 적어도 문제되는 사상이나 표현은 대중들 앞에서 공개될 수 있다. 그 반면 사전제한

91 S.Ct. 2140, 29 L.Ed.2d 822 (1971); Organization for a Better Austin v. Keefe, 402 U.S. 415, 419, 91 S.Ct. 1575, 1577－78, 29 L.Ed.2d 1 (1971); Bantam Books, Inc. v. Sullivan, 372 U.S. 58, 70, 83 S.Ct. 631, 639, 9 L.Ed.2d 584 (1963).

223) 예를 들면, Southeastern Promotions, Ltd. v. Conrad, 420 U.S. 546, 95 S.Ct. 1239, 43 L.Ed2d 448 (1975); Blount v. Rizzi, 400 U.S. 410, 91 S.Ct. 423, 27 L.Ed.2d 498 (1971); Freedman v. Maryland, 380 U.S. 51, 85 S.Ct. 734, 13 L.Ed.2d 649 (1965); Nebraska Press Ass'n v. Stuart, 427 U.S. 539, 96 S.Ct. 2791, 49 L.Ed.2d 683 (1976).

은 대중의 토론과 지식을 더욱 심하게 제한한다. 더욱이 금지되는 표현의 절차적 측면에서 사후처벌이 덜 심각한 방법이 된다. 표현된 이후에 표현에 대한 사후처벌은 자유로운 표현을 위축시키는 반면, 사전제한은 자유로운 표현을 동결시킨다.[224]

절차적 차이

형사상 사후처벌을 하려면, 주(州)는 형사소추를 하여야 하는데, 이것보다는 민사상 금지명령을 발하는 것이 더 용이하기 때문에, 사전제한 방식의 사용이 조장된다. 긴급하고 절박한 구제가 필요한 사건에서 잠정적인 금지명령의 발령에 이의가 제기된다. 법원이 잠정적 금지명령을 허가해 주면, 가능한 한 신속한 기한 내에 사전적 금지명령이 문제시되는지를 결정하기 위해 청문의 기회가 주어진다.[225] 금지명령의 신속한 처리와는 대조적으로, 형사소추는 피의자가 재판을 받기 전에 적어도 6개월 또는 그 이상의 자유형의 가능성이 있다면,[226] 기소 또는 고발,[227] 범죄인부절차,[228] 재판전 주장서

---

224) 참조 A. Bickel, The Morality of Consent 61 (1975). 참조 Redish, The Proper Role of the Prior Restraint Doctrine in First Amendment Theory, 70 Virginia L. Rev. 53 (1984); Mayton, Toward a Theory of Speech, Subsequent Punishment, and the Costs of the Prior Restraint Doctrine, 67 Cornell L.Rev. 245 (1982); Hunter, Toward a Better Understanding of the Prior Restraint Doctrine: A. Reply to Professor Mayton, 67 Cornell L.Rev. 283 (1982).

225) 참조 Fed.R.Civ.P. 65; 참조 United States v. United Mine Workers, 330 U.S. 258, 67 S.Ct. 677, 91 L.Ed. 884 (1947); Houghton v. Meyer, 208 U.S. 149, 28 S.Ct. 234, 52 L.Ed. 432 (1908); Moore, Federal Practice and Procedure, § 65.07.

226) Baldwin v. New York, 399 U.S. 66, 69, 90 S.Ct. 1886, 1888, 26 L.Ed.2d 437 (1970), mandate conformed 27 N.Y.2d 731, 314 N.Y.S.2d

면교환절차(pleadings), 재판 전 신청(pretrial motions),229) 그리고 배심원 선정(jury selection)의 절차가 진행되어야 한다.

금지명령의 발령에 있어 청문은 배심원의 참석 없이 판사 앞에서 이루어진다.230) 금지명령을 위반하면 형사상 모욕죄의 몇몇 사건을 제외하고231) 모욕절차에 있어 배심권이 없다.232) 금지명령에 있어 입증의 기준은 "합리적으로 의심할 수 없는"233) 형사상 엄격한 요건이 아니라, 더 관대한 기준인 "명백하고 확신하는 입증"(clear and convincing proof) 기준이 된다.234)

금지명령사건과는 다르게, 형사소추에 있어서 정부는 수정헌법 제5조의 이중위험금지원칙 규정235)에 의해 부여된 상소권이 없다.236) 왜냐하

539, 262 N.E.2d 678 (1970).

227) Fed.R.Crim.P. 7. Cf. Nebraska Press Ass'n v. Stuart, 427 U.S. 539, 559, 96 S.Ct. 2791, 2802−03, 49 L.Ed.2d 683 (1976).

228) Fed.R.Crim.P. 10.

229) Fed.R.Crim.P. 11.

230) 참조 Ross v. Bernhard, 396 U.S. 531, 90 S.Ct. 733, 24 L.Ed.2d 729 (1970); Beacon Theatres, Inc. v. Westover, 359 U.S. 500, 79 S.Ct. 948, 3 L.Ed.2d 988 (1959); Dairy Queen, Inc. v. Wood, 369 U.S. 469, 82 S.Ct. 894, 8 L.Ed.2d 44 (1962).

231) 참조 Gompers v. Buck's Stove & Range Co., 221 U.S. 418, 449, 31 S.Ct. 492, 501, 55 L.Ed. 797 (1911); 18 U.S.C.A. § 402.

232) Shillitani v. United States, 384 U.S. 364, 365, 86 S.Ct. 1531, 1533, 16 L.Ed.2d 622 (1966).

233) In re Winship, 397 U.S. 358, 361, 90 S.Ct. 1068, 1071, 25 L.Ed.2d 368 (1970).

234) McCormick, Evidence, § 340 at 796 (2d ed., E. Clearly, ed.1972); 예를 들면 Fisher v. Miceli, 291 S.W.2d 845, 848 (Mo.1956); Hyder v. Newcomb, 236 A가. 231, 365 S.W.2d 271, 274 (1963).

235) Ball v. United States, 163 U.S. 662, 668−670, 16 S.Ct. 1192, 1194−95, 41 L.Ed. 300 (1896).

236) Ashe v. Swenson, 397 U.S. 436, 445, 90 S.Ct. 1189, 1195, 25 L.Ed.2d 469 (1970); Benton v. Maryland, 395 U.S. 784, 793−795, 89 S.Ct. 2056, 23 L.Ed.2d 707 (1969), on remand 8 Md.App. 388, 260 A.2d 86 (1969).

면 금지명령사건은 민사절차가 적용되기 때문에 민사사건에서의 정부의 상소권은 기판력이라는 비헌법적 원칙에 의해서만 제한된다.[237]

형사소추는 스스로의 절차를 통해 잠정적 구제조치가 거의 적용되지 않는데, 더 신속한 절차적 골격을 지닌 잠정적 조치는 남용되고 무분별하게 적용되기 쉽다. 결과적으로 표현에 대한 전체적인 위하효과는 형사소추를 보다 덜 사용케 했다. 또한 잠정적 금지명령은 궁극적으로 부적절하게 발해진 것으로 밝혀졌지만, 정부는 사실상 결정적인 경우에 표현을 제한함에 의해 정부의 목적을 달성해 왔다.[238] 표현은 사후적으로 허락되었지만, 시간의 경과로 인하여 표현의 효과가 거의 나타나지 않았다. 표현에 대한 사후처벌이 표현을 위축시킨다면, 사전제한은 표현을 동결시킨다.

법원의 명령위반과 법률위반의 비교

법원들은 주로 사전제한의 명령위반을 법률의 고의적 위반보다 더 심각한 범죄로 취급한다. 이러한 원칙의 중요한 실례는 연방대법원의 2사건의 비교하면 발견할 수 있다. 하나의 사건은 연방대법원이 헌법상 막연한 내용의 조례위반으로 유죄판결을 받은 데모시위자에 대한 유죄판결을 파기한 것이었다. 이 조례에는 만일 "공공복리, 평화, 안정, 건강, 예절, 공공질서, 도덕 또는 공공편의"가 필요한 경우에는 시위행진의 허가를 금지한다고 되어 있었다.[239]

---

237) Cf. 28 U.S.C.A. § 1292.

238) Cf. Walker v. City of Birmingham, 388 U.S. 307, 336, 87 S.Ct. 1824, 1840, 18 L.Ed.2d 1210 (1967), rehearing denied 389 U.S. 894, 88 S.Ct. 12, 19 L.Ed.2d. 202 (1967) (Douglas, J., dissenting.).

239) Schuttlesworth v. Birmingham, 394 U.S. 147, 150−151, 89 S.Ct. 935, 938−38, 22 L.Ed.2d 162 (1969), on remand 45 Ala.App. 723, 222

스튜어트(Stewart) 대법관은 연방대법원을 대표하여 판결하기를 "위헌적인 허가법에 직면한 자는 누구든지 그 법을 무시하고 그 법의 허가요구에 있어 자유로운 표현권의 행사로 인해 형벌을 받지 않을 것을 보장한다"고 했다.240)

연방대법원은 초기에 막연한 내용의 조례를 모방한 동일한 내용의 법률이 일방적인 금지명령을 계수하여, 그 법을 위반한 시위행진자에게 유죄판결을 내렸다. 이러한 법률위반은 형벌을 받지 않는 반면, 주(州) 법원의 일방적인 금지명령에 대한 위반은 또 다른 문제가 되었다.

금지명령의 광범위성과 막연성 그 자체는 의심할 여지없이 실체적 헌법문제가 되기 쉽다. 그러나 금지명령의 광범위성과 막연성의 문제를 불러일으키는 방식은 금지명령을 수정하거나 무효화하는 앨라배마 주 법원의 적용에 의한 것이다.241)

요컨대 자유로운 표현을 제한하는 위헌적 법률을 위반하는 것은 자유롭지만, 법원의 금지명령으로 문서화된 동일한 내용의 명령을 위반하는 것은 자유롭지 못하다.242) 연방대법원은 사전제한이 문제되는 사건에 있어서 법원 앞에서의 개인은 문제된 사건의 중립적 결정을 수용해야 한다는 원칙에 중점을 두었다. 만약 소송당사자가 법원의 판결에 이의를 제기한다면, 소송당사자는 언제나 상소할 수 있다. 소송당사자가 상소하기 위해 법원의 금지명령을 위반해야 하는

So.2d. 377 (1969).

240) 394 U.S. at 151 89 S.Ct. at 938-39.

241) Walker v. Birmingham, 388 U.S. 307, 317, 87 S.Ct. 1824, 1830, 18 S.Ct. 12, 19 L.Ed.2d 202 (1967).

242) 참조 Walker v. Birmingham, 388 U.S. 307, 87 S.Ct. 1824, 18 L.Ed.2d 1210 (1967), rehearing denied 389 U.S. 894, 88 S.Ct. 12, 19. L.Ed.2d 202 (1967).

것은 아니다. 만약 금지명령 사건에 있어서 이용 가능한 어떤 합리적 심사절차가 없다면, 다른 결론이 나올 것이다. 그러나 미해결 중인 사건에 법원의 금지명령이 존재하는 한, 법적 절차는 법원의 명령을 무시하는 개인의 선택을 허용할 수 없고, 금지명령을 위반할 권리를 주장할 수 없다.

국가안보에 있어서 표현의 효과에 대한 사법적 예측

국가안보 또는 그와 유사한 이익과 관련하여, 논쟁적인 정치적 표현에 대한 사전제한의 사건에서 새로운 문제들이 부각되고 있다. 이러한 사건에서 정부가 주장하는 바는, 이러한 표현의 출판이 미국에게 실질적 해악을 유발할 것이기에 금지명령은 발해져야 한다는 것이다. 금지명령의 판결에서 연방대법원은 미래에 대한 예측이 필요했다. 즉 출판이 실제적 상황에서 막연하거나 실질적 해악을 유발할 것인가?

법원들은 그러한 문제에 대해 거의 준비되어 있지 않았다. 만일 연방대법원이 판시한 '어떤 해악'이 발생하지 않고 출판이 허락된다면 두 가지의 가능한 결과가 나타날 것이다. 그 해악은 실제로 발생해야 하고, 연방대법원은 결과적으로 미국의 안보에 대한 해악의 책임을 부담해야 할 것이다. 만약 그렇지 않고, 그 나타난 해악이 발생하지 않는다면, 사법부는 실질적 이익 없이 해악의 평가비용을 지불해야만 한다.

범죄에 대한 금지명령의 부재

이러한 역사적·절차적·실체적 이유에서 사전제한은 오랫동안 헌법상 위헌의 의심이 가는 것이었다. 보통법에서와 마찬가지로 형평에 의한 범죄명령의 금지[243]와 사전제한의 효율성 및 사전제한의 남용에 대한 강한 잠재력은 사후처벌보다는 수정헌법 제1조상 권리행사에 대한 위하효과를 더 발휘했다.

---

243) Miliken v. Stone, 16 F.2d 981, 983 (2d Cir.1927), certiorari denied 274 U.S. 748, 47 S.Ct. 764, 71 L.Ed. 1331 (1927); In re Debs, 158 U.S. 564, 593－94, 15 S.Ct. 900, 909－10, 39 L.Ed. 1092 (1895).

17

니어(Near)사건으로부터
펜타곤 페이퍼(Pentagon Papers)사건

니어(Near v. Minnesota) 사건244)은 현대 법체계에서 사전제한금지 원칙을 확고히 확립시켰다. 40년이 지난 후 뉴욕 타임즈(New York Times Co. v. United States) 사건245)에서도 국가안보의 중요한 문제에 대하여 니어(Near)원칙이 적용되었다.

니어(Near v. Minnesota) 사건은 사회적인 해악을 가하는 어떠한 "악의적이고 스캔들적이며 명예훼손적인 신문, 잡지나 다른 정기간행물"을 금지하도록 주법원에 권한을 부여하는 주법률과 관련된 사건이다.246) 피고인 The Saturday Press를 발행하면서 지방 공무원에 대해 강력한 반유대주의 어조를 담은 비판적 기사들을 게재하였다. 제1심법원은 피고인에 대한 발행금지명령을 내렸으며 주 대법원은

---

244) 283 U.S. 697, 51 S.Ct. 625, 75 L.Ed. 1357 (1931).
245) 403 U.S. 713, 91 S.Ct. 2140, 29 LEd.2d 822 (1971).
246) 283 U.S. 697, 701−02, 51 S.Ct. 625, 626, 75 L.Ed. 1357 (1931).

이를 승인하였다.

연방대법원은 수정헌법 제1조와 제14조에 보장된 표현의 자유에 대한 침해라는 취지에서 내려진 유죄판결을 파기했다. 이러한 결론에 도달하면서 연방대법원은 이 주법률에 대해 내린 판례의 중요한 결정요지를 다음과 같이 열거하였다.

(1) 이 법률이 규정하는 발행금지명령에 대한 요건을 만족시키려면 명예훼손과 관련하여 이 법률에서는 발행물에 대한 과실책임을 증명할 필요는 없다. 이 법률이 허용하고 있는 유일한 면책사유는 "진실한 동기와 정당한 목적에 의해 간행되고 있다"는 것뿐이다.[247]

(2) 이 법률은 개인과 공무원에 대한 비판물의 간행을 인정하고 있다.

(3) 이 법률의 대상은 단순히 출판물이 아니라, 출판물의 발행금지에 대한 것이다.

(4) 이 법률은 출판물에 대한 제한뿐만 아니라 사실상 검열제도의 대상에 출판업자를 포함시켜 규율하고 있다.[248]

연방대법원은 '검열의 핵심'으로서 이 사건 법률의 효과를 다음과 같이 요약하였다.[249]

사실상 이 법률의 효과와 적용은 신문 또는 정기간행물의 사업자 또는 발행인에게 정부가 스캔들이나 명예훼손적인 문제를 출판하는 데에 대한 책임추궁을 허용하는 것이다. 특별히 공직자에 대한 공식적인 비방에 대한 혐의와 관련된 문제, 그리고 사업자 또는 발행인 측면에서 그러한 비난이 사실이고 선의로 매체가 출판되었다는 점과 정당한 목적을 가졌다는 점을 판사에게 유력한 증거로 제출하지 못

---

247) 283 U.S. at 702, 51 S.Ct. at 626.
248) 283 U.S. at 710−12, 51 S.Ct. at 629−30.
249) 283 U.S. at 713, 51 S.Ct. at 630.

한다면, 해당 신문과 정기간행물은 제한을 받을 뿐만 아니라 나아가 출판으로 인한 명예훼손죄로 처벌받을 수 있다. 이것이 '검열의 핵심'이다.

이러한 방식으로 작용하는 법률은 보도의 자유라는 역사적인 개념과 일치하지 않는다.[250] 이 결론에 도달하기 위해 연방대법원은 다음과 같은 전제를 세웠다. "보도의 자유보장의 주된 목적은 출판에 대한 사전제한을 금지하는 것이다."[251] 따라서 사전제한에서 제외되는 예외는 거의 없다. 연방대법원은 오직 사전제한이 정당화될 수 있는 세 가지 예외적인 경우를 제시하였다.[252]

(1) 정부가 필요에 의해 군대의 위치와 숫자 또는 운송수단의 출항시기를 통지하는 것과 정부의 병력모집에 대해 실질적인 방해를 방지하기 위한 경우,[253]
(2) 미풍양속의 준수요건은 음란물 표현의 출판에 대한 사전제한을 정당화할 수 있다.
(3) 정부의 합법적인 물리력에 의해 폭동과 소요에 대한 선동을 방지하기 위한 필요가 있는 경우.[254]

그러나 이 법률에서 어떠한 경우도 이러한 예외에 해당되어 당해 소송에서 적용될 여지는 없으므로, 니어(Near) 사건에서 사전제한은 헌법상 정당화될 수 없다.

---

250) The Investment Advisers Act and Prior Restraint. Compare Lowe v. SEC, 472 U.S. 181, 105 S.Ct. 2557, 86 LEd.2d 130 (1985).
251) 283 U.S. at 713, 51 S.Ct. at 630.
252) 283 U.S. at 716, 51 S.Ct. at 631.
253) 283 U.S. at 716, 51 S.Ct. at 631.
254) 283 U.S. at 716, 51 S.Ct. at 631.

펜타곤 보고서(Pentagon Papers) 사건

연방대법원이 잠정적 금지명령을 폐지하고, 뉴욕타임즈 대 워싱턴 포스트 사건에서 베트남에 대한 미국의 정책결정에 대한 기밀취급한 연구에 대해 언론사가 공개금지를 거부하였을 때, 40년이 지난 1971년 정치적 표현에 대한 사전제한의 원칙은 다시 "뉴욕타임즈 대 미연방정부 사건"(New York Times Co. v. United States—**The Pentagon Papers Case**)255)에서 특별한 관심을 받았다.

펜타곤 보고서 사건은 9인 대법관 중 6 대 3으로 견해가 나뉘어 결정된 사건인데, 별개의견에서 연방대법원은 오직 두 가지 일반적인 문제에 대해 합의했다. 표현의 자유에 대한 사전제한은 그 합헌성에 대해 '엄격한 입증책임'을 진다. 정부는 모든 사전제한의 실행을 정당화하기 위해 엄격한 입증책임을 진다.256)

펜타곤 보고서 사건에서 나타난 의견은 세 가지 범주로 나눌 수 있다. 블랙 대법관과 더글라스 대법관은 표현에 대한 사전제한은 결코 있을 수 없다고 주장했다. 브렌넌, 화이트, 스튜어트, 마샬 대법관은 이 사건의 경우는 해당되지 않지만, 일정한 조건하에서는 표현에 대한 사전제한을 할 수 있다고 주장했다. 버거, 할랜, 블랙먼 대법관은 이 사건에서 사전제한은 정당하다고 주장했다.

블랙 대법관과 더글라스 대법관은 어떠한 사전제한도 정당화될 수 없다고 주장했다. 블랙 대법관에 의하면 뉴스공표가 종종 금지될 수 있다는 주장은 수정헌법 제1조에 대한 침해를 가져올 수 있다고 주장했다. 이러한 금지명령은 극악하고, 재론의 여지 없는 수정헌법 제1조에 대한 계속적인 침해라고 했다.257)

---

255) 403 U.S. 713, 91 S.Ct. 2140, 29 L.Ed.2d 822 (1971).
256) 403 U.S. at 714, 91 S.Ct. at 2141.
257) 403 U.S. at 715, 91 S.Ct. at 2142.

블랙 대법관은 신문의 목적이 정부의 기밀을 공개하고 대중들에게 알리는 것으로 정의했다. "자유로운 표현에 대한 책임감 중에 최고의 목표는 정부의 어떤 부서가 대중을 기만하여 이국(異國)의 열병과 총탄 및 유탄에 대중을 내모는 것을 방지할 의무다"라고 말했다.258) 펜타곤 보고서의 공개가 금지되어야 할 것이라기보다는 신문이 헌법기초자들에 의해 명백히 인식할 수 있도록 목표의 실현을 위해 유도되어야 한다. "신문은 통치자를 위해 봉사하는 것이 아니라, 피통치자를 위해 봉사해야 한다."259)

더글라스 대법관은 신문사에 대한 정부의 억압을 개탄했으며, 수성헌법 제1조의 주요 취지는 방해되는 정보공개에 대한 정부의 억압을 금지하는 것이라고 해석했다.260) 더글라스 대법관은 전쟁에 대한 의회의 권한이 사전제한의 원칙을 변경할 수 있는지에 대한 해명이 없었음에도, 사전제한금지의 원칙이 지금 존재하고 있으므로, 심지어 공표로부터 생기는 심각한 영향도 언론에 대한 사전제한을 정당화할 수 없다고 했다.

브렌넌 대법관은 몇 가지 합헌적인 사전제한의 가능성을 언급했다. 그러나 브렌넌 대법관의 심사는 너무나 엄격해서, 어떤 것도 실제상 심사를 통과할 수 없다. 브렌넌 대법관은 펜타곤 보고서 사건에서 금지명령발령에 의한 구제에 대한 오용(誤用)을 지적했다. 정부 주장의 근거는 정보공개가 국익에 손상을 줄 수 있다는 것이다.261)

브렌넌 대법관에 의하면 수정헌법 제1조는 불행한 결과가 초래될 수 있는 추측과 예측에 의해 유발되는 표현에 대한 사법상(司法上)의 사전제한을 용인하지 않고 있다는 것이다. 브렌넌 대법관은 국가

---

258) 403 U.S. at 717, 91 S.Ct. at 2143.
259) 403 U.S. at 717, 91 S.Ct. at 2143.
260) 403 U.S. at 723-24, 91 S.Ct. at 2146.
261) 403 U.S. at 725-26, 91 S.Ct. at 2147.

가 전쟁 중일 경우에 제기되는 수정헌법 제1조의 사전제한금지에 대한 예외를 정당화하는 상황을 밝혔다. 브렌넌 대법관은 사전제한에 대해 부과되는 높은 기준을 적용하였다. 정부는 정보공개가 필연적·직접적·즉각적인 핵 참사 같은 사건의 발생을 야기한다는 것을 주장하거나 입증해야 한다.262) 따라서 브렌넌 대법관의 견해는 개념적으로 사전제한에 대한 가능성을 허용했으나, 그의 심사는 너무 엄격하여 실제로는 사전제한의 금지와 다름없었다.

스튜어트 대법관은 행정부에 의해 부과되는 사전제한은 국가안보를 유지하기 위한 경우에만 정당화될 수 있다고 한다. 왜냐하면 행정부는 국방과 외교에 관련한 임무를 효율적으로 수행하기 위해 요구되는 기밀을 유지할 헌법상의 의무를 지니고 있다. 그러나 행정부는 정보공개가 직접적이고 즉각적이며 치명적인 위험이 국가 또는 국민에게 미친다는 사실을 입증해야 한다. 행정부는 긴급한 경우에 관련된 모든 문서에 대해 이 기준을 만족시켜야 한다.263)

자료의 공개가 공익에 실질적인 해악을 발생할 것임이 확신되는 경우일지라도, 화이트 대법관은 연방대법원의 판결에 동의했다. 왜냐하면 정부는 사전제한을 정당화하기 위해 만족시켜야 할 '엄격한 입증책임'을 만족시키지 못했기 때문이다.264) 화이트 대법관은 사전제한에 대한 '엄격한 입증책임'이 의회권한을 더욱 약화시킨다고 했고, 정부는 범죄의 공표를 행하려는 신문사에 대항하여 행동할 수 있다고 강조했다.

마샬 대법관은 이 상황에서 사전제한에 대해 의회권한이 없음을 동조의견에서 전제하고 있었다. 마샬 대법관은 정부의 오만한 권력의 사용에 의해 정부는 의회의 사전제한금지를 위해 선택된 행위를

---

262) 403 U.S. at 726−27, 91 S.Ct. at 2148.
263) 403 U.S. at 730, 91 S.Ct. at 2149.
264) 403 U.S. at 731, 91 S.Ct. at 2150.

억압하고 연방대법원과의 관계에서 권력분립원칙을 해친다고 주장했다. 행정부의 권력이 사전제한을 헌법적으로 정당화한다고 할지라도, 의회는 대통령에게 재판에 회부된 자료 등의 공개금지권한의 부여를 명백히 거부했다. 마샬 대법관은 금지명령을 무효화했다. 왜냐하면 의회가 특별히 그러한 행위를 불법으로 인정하는 방향으로 기울었기 때문에, 연방대법원은 이 문제에 대해 재심을 할 필요는 없다.[265]

나머지 세 대법관은 반대의견을 내면서, 이 사건에서 금지명령은 적법한 것이라고 했다. 버거 대법원장은 소송절차가 부당하게 신속히 진행됨으로 소송절차에서 소송가능성을 제거해 버렸다고 주장하고 "우리가 무엇을 하는지를 사실상 알 수 없다"고 주장하면서, 본안에 대한 직접적인 언급을 하지 않았다.[266] 버거 대법원장은 연방대법원이 본안에 대한 청문을 위한 충분한 시간을 허락하는 것을 금지하는 명령을 인정하였다. 그러나 버거 대법원장은 소송절차가 급격히 빨리 진행된 데에는 뉴욕타임즈가 대부분의 책임이 있다고 비난했다. 버거 대법원장은 할랜 대법관의 반대의견에 일반적으로 동의한다고 명백히 밝혔다.[267]

할랜 대법관은 시간적 제한이 있는 약식소송에서지만 본안소송에서 금지명령의 발령을 지지했다.[268] 마샬 대법관과는 달리, 할랜 대법관은 펜타곤 보고서에 대한 사전제한을 정당화하기 위해 헌법상의 권력분립이론을 사용했다. 할랜 대법관은 행정부는 외무분야에서 헌법상 통치권을 가지고 있다고 주장하고, 사법부는 외교정책에 있어서의 행정부의 판단에 대하여 2가지 제한된 영역의 심사권을 가지고 있다고 주장했다. (1) 사법부는 논쟁의 대상이 실제로 대통령의 외교

---

265) 403 U.S. at 745－46, 91 S.Ct. at 2157.
266) 403 U.S. at 751, 91 S.Ct. at 2160.
267) 403 U.S. at 751－52, 91 S.Ct. at 2161.
268) 403 U.S. at 755, 91 S.Ct. at 2162.

관련 권한범위 안에 있다는 것을 입증해야 한다. (2) 국방장관이나 국가정보원장 같은 관련 행정부서의 장에 의해 만들어진 주요한 자료에 대한 폭로가 국가안보를 상당히 훼손시키고 있음을 입증해야 한다. 이러한 판단이 행정부에 의해 이루어질 경우, 국가안보에 근거하여 공개의 효과를 재차 판단하는 것은 연방대법원의 권한 밖에 있는 것이다.

블랙먼 대법관은 "언론사가 출판할 수 있는 광범위한 권리와 이를 금지할 수 있는 정부의 좁은 제한권" 사이에서 적절한 기준을 전개해야 할 필요성이 있다고 부언했다.269) 뉴욕타임즈의 행위에 대한 블랙 대법관의 옹호에 극단적 반대의견을 대표한, 블랙먼 대법관은 연방대법원의 다수의견을 구성하는 대법관들에게 동조의견을 내면서 뉴욕타임즈에 대한 강력한 비판을 하였다. 연방대법원의 금지명령 발령하에서 신문이 비판적인 문서를 출간하기 위해 소송한다면 그로부터 군인의 전사, 폭격, 파괴로부터 발생한 결과는 미국과 적대국 사이의 협상을 더욱 어렵게 하고 협상을 행하는 외교관에게 무기력을 느끼도록 조장한다. 이는 전쟁을 연장시키며, 미국포로의 석방을 지연시키는 것이다. 그때, 국민들은 이런 슬픈 결과에 대한 책임이 어디에 있는지를 알게 될 것이다.270)

정부는 금지명령소송에서 패소했고, 신문사는 전직 관료인 다니엘 엘스버그에 의해 불법적으로 유출된 펜타곤 보고서의 발췌록 발행을 완료하기 위한 소송을 제기했다. 펜타곤 보고서의 출판을 야기했다는 블랙먼 대법관의 지독한 주장을 정부는 입증하지 못했다. 정부는 신문의 어느 부분에 대해서도 기소하지 않았다. 제1심 판사는 여러 가지 기소의 부당을 이유로 다니엘 엘스버그에게 무죄판결을 내렸다.

---

269) 403 U.S. at 761, 91 S.Ct. at 2165.
270) 403 U.S. at 763, 91 S.Ct. at 2166.

스넵 사건(The Snepp Case)과 CIA

펜타곤 보고서 사건 이후 연방대법원은 스넵 대 미연방정부(Snepp v. United States) 사건에 대해 판결을 내렸다.[271] 스넵 사건은 대법관 전원일치 의견의 요약일 뿐이다. 그러나 스넵은 전직 중앙정보부 공무원으로서 중앙정보부에 관한 책(그런데 이 책은 대외비 등급이 매겨진 정보를 폭로하지는 않았다)의 가출판에 앞서 중앙정보부(CIA)에 제출의무를 이행하지 않았다. 이는 충성의무와 고용계약을 위반한 것이다. 그래서 연방대법원은 스넵의 책판매로 얻어진 모든 이익을 정부를 위한 건설적 투자에 쓰도록 했다. 연방대법원의 다수의견은 스넵이 가출판의 심사를 위해 자료를 중앙정보부에 제출해야 한다는 명백한 고용계약상 준수할 적정한 절차는 자료를 제출하는 것이고, 중앙정보부는 그 자료의 공개가 가져올 해악의 발생유무를 판정하는 것이라고 판시했다.[272]

만일 스넵과 중앙정보부가 그 문제에 대해 합의도출에 실패하면, 중앙정보부는 해당자료 출판에 대한 금지명령을 발령할 방법을 찾는 부담을 가졌을 것이다. 진전된 논의 없이 연방대법원은 전직 중앙정보부 공무원의 신뢰의 지위와 중앙정보부와 관련된 정보에 대한 가출판을 위한 평가심사를 받아들이는 고용계약에 동의했던 특별한 사건하에서 사전제한의 범위에 대한 문제를 승인하는 것처럼 보였다.

반대의견: "연방대법원은 극적인 새로운 구제책(사전출판의 철회가

---

271) 444 U.S. 597, 100 S.Ct. 763, 62 L.Ed.2d 704 (1980), rehearing denied 445 U.S. 972, 100 S.Ct. 1668, 64 L.Ed.2d 250 (1980) (per curiam). Cf. United States v. Marchetti, 466 F.2d 1309 (4th Cir.1972), certiorari denied 409 U.S. 1063, 93 S.Ct. 553, 34 L.Ed.2d 516 (1972).
272) 444 U.S. at 515, n. 8, 100 S.Ct. at 767, n. 8.

될 수 없는 경우에 대한 건설적 기금조성)은 정부를 비판할 수 있는 시민의 권리에 대한 일종의 사전제한을 관철하기 위해 만들어진 것이라는 것에 인식하지 못하는 것처럼 보인다."273)

스넵은 정부가 정보에 대해 어떤 헌법상의 액세스권도 가지고 있지 않은 사람, 즉 공무원에게 노출된 정보의 사용에 정부가 조건을 붙일 수 있다는 전제에서만 주장했어야 한다. (1) 그 해당자가 실제 그런 정보를 폭로하거나 공개하지 않겠다고 동의할 때, (2) 그 조건을 준수함에 있어서 중대한 국익이 존재하는 경우, (3) 국익이 실질적으로 표현의 자유에 대한 억압과 관련이 없을 경우, (4) 그 계약은 검열과 관련 없는 국익증진의 것으로 좁게 본다.274) 스넵 사건은 자유로운 표현의 포기를 모든 공무원의 고용조건으로 하는 권한을 정부에 부여하지 않았다.

---

273) 444 U.S. at 527, 100 S.Ct. at 774 (footnote omitted) (Stevens, J., dissenting, joined by Brennan and Marshall, JJ.).

274) This interpretation is consistent with the approach that the Court took in Seattle Times Co. v. Rhinehart, 467 U.S. 20, 104 S.Ct. 2199, 81 L.Ed.2d 17 (1984).

언론사에 대한 액세스권

1) 공정성 원칙과 방송매체에 대한 제한

일반적으로 연방대법원은 전자매체의 특이성과 기술의 현재 상황 때문에, 모든 사람이 라디오와 텔레비전을 통해 어디에서든 말하고 쓰고 출판할 수 있는 동등한 권리는 없다는 입장을 받아들이고 있다.275) 현재 방송으로 이용할 수 있는 주파수는 한정되어 있다. 그리

---

275) 참조 4 R. Rotunda & J. Nowak, Treatise on Constitutional Law: Substance and Procedure § 20.18 (1986). While the Supreme Court has often commented on the monopolz nature of broadcasting, e.g., National Broadcasting Co. v. United States, 319 U.S. 190, 226, 63 S.Ct. 997, 1014, 87 L.Ed. 1344 (1943); Red Lion Broadcastin Co. v. FCC, 395 U.S. 367, 376−77, 89 S.Ct. 1794, 1799−1800, 23 L.Ed.2d 371 (1969), commentators have attacked this premise. E.g., Fowler and Brenner, A Marketplace Aproach to Broadcast Regulation, 60 Tex.L.Rev. 207 (1982).

고 누군가 이런 주파수를 사용할 수 있는 특권이 부여되었을 때, 그밖에 다른 사람은 이로부터 배제되게 된다. 어떤 특별한 허가를 받은 사람조차도 방송할 수 있는 수정헌법 제1조상의 권리를 가지고 있지 않다. 그리고 그러한 현존하는 특권은 합리적인 규율을 통해 부여된다. 일반적으로 방송에 대한 허가는 사상의 침해와는 다른 목적을 지닌 합리적 규율을 준수해야 한다. 방송에 대한 제한은 허용될 수 있다. 왜냐하면 이는 청취자와 시청자를 위한 최상의 권리이며, 방송사업자의 권리가 아니기 때문이다.

NBC 對 미연방정부 간의 사건276)(*National Broadcasting Co. v. United States*)에서 연방대법원은 먼저 라디오방송 허가와 라디오 주파수 독점권에 대한 수정헌법 제1조상의 권리를 모든 사람이 가지지 못하기 때문에, 방송국 설립을 공익상 이유로 불허하는 것은 표현의 자유에 대한 부정이 아니라는 것을 처음으로 인정했다. 복합 방송국, 즉 ‘체인’방송에 대한 FCC(연방통신위원회)의 규제가 표현의 자유에 대한 위헌적인 규제라고 제기한 이 소송에서 연방대법원은 방송은 제한된 매체이고, 접근에 대한 수정헌법 제1조상의 절대적인 권리라는 것은 방송의 조건상 실현불가능하다고 밝혔다.

연방대법원을 대표한 프랭크퍼터 대법관은 그러한 규제는 라디오의 완전한 잠재력을 발전시키는 데 필수적이라고 밝히고,277) “규제의 최우선적 이익은 라디오를 더 광범위하고 더 효율적으로 사용”하는 데 있어서, “청취자 대중의 이익”이어야 한다고 강조했다.278) 제한된 자원을 사용함에 있어서 공익을 증진시키기 위해, 정부는 공중파의 사용을 분배해야 한다.

---

276) 319 U.S. 190, 63 S.Ct. 997, 87 L.Ed. 1344 (1943).
277) 319 U.S. at 217−27, 63 S.Ct. at 1009−14.
278) 319 U.S. at 216, 63 S.Ct. at 1009 (emphasis added).

공정성 원칙(The Fairness Doctrine)과
레드 라이언(Red Lion)

연방정부가 전파매체를 통제할 수 있는 권리의 범위는 NBC 사건
에 의해 명확해졌다. 그러나 레드 라이언 對 FCC(연방통신위원회)
(*Red Lion Broadcasting Co. v. Federal Communication Commission*)[279]
사건에서 더욱 정교해졌다. 이 사건은 방송국에 FCC(연방통신위원
회)가 "공정성 원칙"(fairness doctrine)의 준수요구권에 대해 방송국
이 이의를 제기함으로써 이루어졌다. "공정성 원칙"이란 방송국이
정치석인 논평이나 개인에 대한 공격과 관련된 사례가 있을 경우 방
송국은 그 국민에게 답변시간을 허용해야 한다는 것이다. 이 사건은
연방대법원이 헌법상 근거하에서 FCC(연방통신위원회)의 공정성 원
칙에 대한 문제제기에 대해 판결한 최초의 사건이다.

원고(레드 라이언)는 FCC(연방통신위원회)의 허가를 받고 라디오
방송국을 운영하였다. 방송 도중 빌리 제임스 하기스 목사는 구두
(口頭)로 프레드 쿡 작가를 비방했다.[280] 쿡은 자유로운 답변시간을
요구했고, 방송국이 이를 거부하자, FCC(연방통신위원회)에 민원을
접수시켰다. 연방통신위원회는 우발적이고 개인적인 비방이라고 간

---

279) 395 U.S. 367, 89 S.Ct. 1794, 23 L.Ed.2d 371 (1969). 참조 Van
    Alstyne, The Möbius Strip of the First Amendment: Perspectives on Red
    Lion, 29 So.Car.L.Rev. 539 (1978); Krattenmaker & Powe, The Fairness
    Doctrine Today: A Constitutional Curiosity and an Impossible Dream,
    1985 Duke L.J. 151.
280) During part of a "Christian Crusade" broadcast series, Hargis discussed
    Cook's book, Goldwater—Extremist on the Right. Hargis claimed that
    Cook had been fired from a newspaper for leveling false charges at a
    city official and had subsequently worked for "one of the most
    scurrilous publications of the left (The Nation)." 395 U.S. at 371—372,
    n. 2, 89 S.Ct. at 1797 n. 2.

주하고, 방송국은 쿡이 요구한 시간을 허락해야 한다고 명령했다. 방송국은 공정성 원칙에 대해 이의를 제기하였다. 그리고 개인 비방과 정치적 논평에 대한 특별한 견해는 헌법상 표현의 자유와 보도의 자유를 침해하는 것이라고 주장했다. 방송국의 주장은 수정헌법 제1조가 방송국이 선정한 것은 무엇이든지 방송할 수 있도록 분배받은 주파수를 계속 사용할 수 있다는 생각을 보호해야 한다는 것과 그 주파수의 사용에 대해 방송국이 특정인물을 배제할 수 있다는 점을 근거로 하였다. 모든 사람이 그가 생각한 것을 말하거나 출판하는 것이 허락되어야 하거나 그의 반대자의 견해에 대해 동일한 시간을 부여하는 것이 허락되어야 한다면, 방송국도 동일하게 수정헌법 제1조상의 권리를 가져야 한다.

만장일치로 연방대법원은 방송국에게 동일한 구두형식과 문서형식에 의한 자유로운 표현권을 주어야 한다는 레드 라이언(Red Lion)의 주장을 기각했다.[281] 또한 뉴스매체의 특성상 차이는 수정헌법 제1조가 방송국에게 적용범위의 차별을 정당화한다고 강조했다.[282] 그리고 제한된 매체는 표현의 자유에 있어서 절대적인 권리를 주장할 수 없다고 강조했다.

> 분배할 주파수보다 더 많이 방송을 원하는 개인들이 존재하는 경우, 말하고 쓰고 공표할 수 있는 각 개인의 권리를 고려하여 방송국에 완벽한 수정헌법 제1조상의 권리를 인정하는 것은 불합리하다.[283]

연방대법원은 허가받은 자와 공익 간 관계에서의 수탁자적 속성으

---

281) Justice Douglas was not present at oral argument and abstained from taking part in the decision.

282) 395 U.S. at 386-87, 89 S.Ct. at 1805, citing Joseph Burstyn, Inc. v. Wilson, 343 U.S. 495, 503, 72 S.Ct. 777, 781, 96 L.Ed. 1098 (1952).

283) 395 U.S. at 388, 89 S.Ct. at 1806.

로 인해 허가가 거부된 사람보다 허가받은 사람이 더 유리하지 않은 위치에 놓이도록 했다. 공공이익이 필요한 영역에서 연방정부는 허가를 받고자 하는 사업자 중에서 필요에 의해 공중파로부터 배제할 수 있고 방송을 위해 방송국에게 허가를 받도록 요구할 수 있다.[284] 이 수탁자적 역할 때문에 방송국의 권리는 사상과 정보의 접근을 용이하게 하기 위해, 청취자와 시청자의 권리에 복종해야 한다.

레드 라이언(Red Lion) 사건에서 오직 FCC(연방통신위원회)의 공정성 원칙을 지지한 반면, 연방대법원의 견해 중 일부견해는 더 나아가, 공정성 원칙이 헌법상 요청되는 원칙으로 인정해야 한다고 주장하고 있다. 힌편 공정성 원칙에 의한 제한은 전통적인 의미에서 사전제한에 해당하지 않지만,[285] 공정성 원칙에 의한 제한은 방송국의 프로그램의 재량에 상당한 제약을 가한다. 그러나 레드 라이언 사건을 담당한 연방대법원은 방송사업에 추가적 제한을 하는 것과 관련되었다. 방송국이 자체적으로 검열을 하고 반론권의 원칙에서 쟁점인 문제의 범위를 줄이자는 방송국의 주장은 위험스러운 것으로 각하되었다.[286]

연방대법원은 공정성 원칙의 범위 축소라는 것으로 결론지으면서, "헌법적 함의(憲法的 含意)를 고려하기에 충분한 시간이 될 것이다" 라고 인정했다.[287] 반면 실제상 문제로서 공정성 원칙에 의해 자유

---

284) 395 U.S. at 389, 89 S.Ct. at 1806.
285) 예를 들면, Near v. Minnesota, 283 U.S. 697, 51 S.Ct. 625, 75 L.Ed. 1357 (1931).
286) 395 U.S. at 393, 89 S.Ct. at 1808.
287) 395 U.S. at 393, 89 S.Ct. at 1808. Assuming that the broadcaster does indeed have a monopoly, the fairness doctrine might not increase the publication of ideas. It penalizes the broadcaster for presenting controversial ideas by requiring him to present all sides of a controversy. R. Posner, Economic Analysis of Law § 22.3. at 313 (1972).

로운 표현의 양이 감소할 것이라는 주장은 측정하기 어렵다고 하였다. 또한 연방대법원의 초기의 강한 논지에도 불구하고, 공정성 원칙이 헌법상 원칙이 아니라는 공정성 원칙에 대한 재고려라는 연방대법원의 인식이 지지되었다.[288]

일반적 액세스권은 인정되지 않음

연방대법원의 판결에도 불구하고, 레드 라이언 사건에 대해 몇몇 주석학자들이 광의로 해석하여 공정성 원칙의 범위를 넘어서 방송에 대해 헌법상 개인의 액세스권이 있다고 주장하였다.[289] 레드 라이언 판결의 조그만 확대만으로도, 공적으로 중요한 문제들에 대한 소수의 견해를 알리기 위해 개인에 의한 전자매체로의 액세스권이 인정될 것이다. 콜롬비아 방송국 對 민주당(Columbia Broadcasting System v. Democratic National Committee) 사건에서 국민당전국위원회(DNC)와 베트남평화를 위한 사업가협회(BEM)는 헌법상 권리의 행사를 시도했다.[290]

CBS(콜롬비아 방송국)에 제기된 문제는 '책임이 있는 단체'가 공공이익이 있는 쟁점적인 문제에 대한 자신들의 견해를 알리기 위한

---

288) FCC v. WNCN Listeners Guild, 450 U.S. 582, 101 S.Ct. 1266, 67 L.Ed.2d 521 (1981).

289) 예를 들면, Marks, Broadcasting and Censorship: First Amendment Theory After Red Lion, 38 Geo.Wash.L.Rev. 974 (1970); 반면, Jaffe, The Editorial Responsibility of the Broadcaster: Reflections on Fairness and Access, 85 Harv.L.Rev. 768 (1972). 참조, Barron, Access to the Press — A New First Amendment Right, 80 Harv. L.Rev. 1641 (1967); J. Barron, Freedom of the Press for Whom? The Right of Access to Mass Media (1973).

290) 412 U.S. 94 S.Ct. 2080, 36 L.Ed.2d. 772 (1973).

광고나 프로그램의 방영에 방송시간을 부여하는 것이 수정헌법 제1
조상의 권리인지 여부였다. 이러한 권리를 주장하는 두 단체인 민주
당(DNC)과 베트남평화를 위한 사업가협회(BEM)는 FCC(연방통신위
원회)의 각각 다른 결정을 받았다. 베트남평화를 위한 사업가협회
(BEM)의 경우에, FCC(연방통신위원회)는 라디오방송국이 자체 권한
의 범위 내에서 베트남 평화를 위한 사업가협회(BEM)의 베트남 전
쟁에 반대하는 광고의 방송을 거절한 것을 지지했다. 민주당(DNC)
의 경우에는, FCC(연방통신위원회)는 일반적 문제로서 민주당(DNC)
이 공공이익이 있는 쟁점적인 문제에 대해 자신의 견해를 발표할 방
송시간을 할당받을 권리가 없다고 했다.291)

연방대법원은 두 사건에 있어서 FCC(연방통신위원회)의 결정을
지지했으며, 헌법에는 이와 같은 액세스권이 없다고 판시했다. 비록
연방대법원은 여러 가지 문제들에 있어서 견해가 나뉘어졌지만, 6인
의 대법관은 수정헌법 제1조가 비록 국가행위(state action)가 개입되
었다 할지라도 책임이 있는 단체에 시간을 할애하도록 허락하지 않
는다는 데 동의했다.292) 항소법원은 공적 문제에 대해 비용을 들여
서 행한 공표들에 대한 전면적 금지는 비록 다른 매체를 통해 비용
을 들여서 공표가 가능하더라도, 수정헌법 제1조 위반이라고 판시하
였다. 수정헌법 제1조에 포함된 이해관계의 균형을 강조한 연방대법
원의 견해는 방송매체에 대해 연방의회가 이미 부과한 규제적 의도
의 사고구조 내에서 나타난 것임에 틀림없다.293)

---

291) Business Executive's Movement for Vietnam Peace, 25 F.C.C.2d. 242
(1970); Democratic National Committee, 25 F.C.C.2d 216 (1970).
292) The majority opinion consisted of Parts I, II and IV of Burger, C.J.'s
opinion, which Rehnquist, White, Blackmun, and Powell, JJ., joined.
The latter three emphasized in their concurring opinion, 412 U.S. at
146-48, 93 S.Ct. at 2108-09, that the state action question had not
been decided.
293) BEM v. FCC, 450 F.2d 642 (D.C.Cir.1971).

연방대법원의 의견은 연방의회가 공적 문제에 대해 상론하려는 모든 이들에게 비차별적으로 방송시설이 개방되어야 한다는 주장을 확고히 거절했다고 강조하였다.[294] 비록 헌법해석의 문제에 있어서 연방의회의 결정이나 견해가 결정적인 것이라고 판단되지는 않지만, 이와 같은 입법적 결정 배후에 있는 근거가 바람직한 원칙들에 근거하고 있다고 연방대법원은 판단했다.

CBS(콜롬비아 방송국) 판결은 2가지를 명확히 했다. 첫째는 전자매체에 대한 어떠한 액세스권이라도 매우 제한적이라는 것이다. 둘째는 상충하는 이해관계들을 조정하는 데 있어서, 공공이익이 개인적인 언론출판의 이익을 압도하는 것이 발견될 때만 공권력이 연방통신위원회 규칙(Federal Communications Act)의 범위 내에서 행사될 것이라는 것이다.[295]

연방대법원은 제한되지 않은 액세스권은 공공이익에 최상으로 기여할 수 없을 것이라고 결론지었다. 제한되지 않은 액세스권의 허용은 부유한 자들의 견해가 여전히 만연할 것인데, 왜냐하면 그들은 자신들의 생각을 방송할 더 많은 시간을 구매할 수 있기 때문이다. 귀중한 방송시간이 사소한 것에 관심을 가진 단체에 의해 장악될 수도 있을 것이다. 연방대법원은 공공이익에 따라 행동할 책임이 없는 개인에게 완전한 액세스권이 허용되는 것을 꺼려했다. 완전한 액세스권은 '공공의 위임'을 받아 "스스로 선임한 사설 논평가 집단"으로 방송을 바꿔버릴 수도 있다.[296] 공정성 원칙은 사설광고에 적용가능하다고 판단되지 않았고, 이와 같은 것에 근거하고 있는 베트남평화를 위한 사업가협회(BEM)와 민주당(DNC)의 주장은 부적절한 것이었다.[297]

---

294) 412 U.S. at 105, 93 S.Ct. at 2088.
295) 412 U.S. at 110, 93 S.Ct. at 2090.
296) 412 U.S. at 125, 93 S.Ct. at 2098.

　그 이후의 사건에서 연방대법원은 FCC(연방통신위원회) 규칙이
헌법상 요구된 액세스권을 부여하지 않을 뿐 아니라,[298] FCC(연방통
신위원회) 규칙이나 헌법 모두가 FCC(연방통신위원회)가 일련의 일
반적 액세스를 확장하도록 방송인들에게 강요하는 것을 허용하지 않
는다고 보았다. 다수의견은 FCC(연방통신위원회)의 규칙이 방송인들
을 단순한 전달자들로 취급해서는 안 된다는 주장에 의존했다. 그리
고 다수의견은 공정성 원칙을 차별화시켰는데, 왜냐하면 공정성 원
칙은 방송면허인의 광범위한 재량을 내포하고 있으며 특정인에 대한
액세스권을 부여하지는 않기 때문이다.

주(州)행위 문제

　CBS(콜롬비아 방송국) 사건에서 연방대법원은 주(州)행위가 개입되
었는지에 대해 극도로 대립했으나, 연방대법원의 판결은 주(州)행위 문
제에 대한 선례적 가치를 가진 판례를 거의 갖고 있지 않았다. 스튜어
트(Stewart), 렌퀴스트(Rehnguist) 및 버거(Burgur) 대법관은 (주)정부가
방송면허인과 '동업자(파트너)'도 아니며 '공생관계'에 있는 것도 아니

---

297) 412 U.S. at 124−26, 93 S.Ct. at 2097−98. The Court did not clearly
　　discuss this issue, although some lower courts had already developed a
　　theory that commercial advertising is subject to the fairness doctrine.
　　예를 들면, Friends of Earth v. FCC, 449 F.2d 1164 (D.C.Cir. 1971);
　　Retail Store Employees Union v. FCC, 436 F.2d 248 (D.C.Cir. 1970).
298) FCC v. Midwest Video Corp., 440 U.S. 689, 705 n. 14, 99 S.Ct.
　　1435, 1444 n. 14, 59 L.Ed.2d 692 (1979). The Court reserved the
　　question whether it would be constitutional for Congress to give the
　　FCC the power to treat broadcasters as common carriers. Cf. FCC v.
　　WNCN Listeners Guild, 450 U.S. 582, 603−04, 101 S.Ct. 1266, 1279,
　　67 L.Ed.2d. 521 (1981) (FCC may rely on market forces to promote
　　diversity in radio entertainment formats).

라고 강조했다.[299] 위 3인의 대법관들은 수정헌법 제1조상 금지를 명할 (주)정부의 행위가 이 사건에서는 개입되어 있지 않다고 보았다. 그 반면에 화이트(White), 블랙먼(Blackmun), 파웰(Powell) 대법관은 자신들의 의견에서 이 사건은 다른 근거로 결정된 것이며 그렇기에 연방대법원은 주(州)행위 문제로까지는 미치지 않는다는 것을 강조했다.[300]

더글라스(Dauglas) 대법관은 자신의 의견에서 공공영역에서 정부가 개입하는 방송면허인의 활동은 헌법적 책임과 관련되는 한 정부의 행위라고 주장했으나,[301] 이러한 견해는 수용되지 않았다.[302]

마샬(Marshall) 대법관이 동조한 브렌넌(Brennan) 대법관 견해에 의하면, 정부의 행위가 존재했으며, 논쟁적 사고에 제시되는 유일한 수단으로 공정성 원칙에 의존하는 것은 부적절하다고 반대의견을 개진하였다. 차라리 국민들은 그들 자신을 위해 직접적으로 발언할 어떤 기회가 주어져야 한다고 보았다.[303]

반트러스트 연구 및 제한과 자유로운 표현

FCC v. NCCB(연방통신위원회 對 전미시민방송통신위원회) 사건[304]에서 연방대법원은 수정헌법 제1조에 논리적으로 일치하는 한, FCC(연방통신위원회)가 라디오방송국이나 TV방송국 그리고 동일지

---

299) 412 U.S. at 119, 101 S.Ct. at 2094.
300) 412 U.S. at 146-148, 101 S.Ct. at 2108-09.
301) 412 U.S. at 150, 101 S.Ct. at 2110.
302) 412 U.S. at 150, 101 S.Ct. at 2110. Because of this admission, Douglas argued that broadcasters are like newspapers and should be treated no differently. Stewart said that Douglas; views "closely approach" his own. 412 U.S. at 132, 101 S.Ct. at 2101.
303) 412 U.S. at 180, 189-90, 101 S.Ct. at 2130 (Brennan, J,. dissenting).
304) 436 U.S. at 775, 98 S.Ct. at 2096, 56 L.Ed.2d 697 (1978).

역 공동체 내에 있는 일간신문에 대한 일반인 소유를 장래를 향하여 금지하는 규칙과 가장 특징적인 사건들에 있어서 동일지역 내의 신문, 방송의 병합을 소급적으로 철회하는 규칙을 제정할 수 있다고 보았다. 그와 같은 제한들은 반독점과 수정헌법 제1조를 지향하고 심화시키는 것이며 일간신문의 수정헌법 제1조상 권리를 침해하는 것은 아니다. 왜냐하면 방송영역의 물리적인 제한들을 가정한다면, 개인의 언론출판의 권리에 비유될 만한 방송의 제한불가능한 수정헌법 제1조상 권리라는 것은 없기 때문이다.

연방대법원은 정부가 다른 이들의 상대적인 목소리를 강화시키기 위해 몇몇 이들의 표현을 제한해서는 안 된다는 것을 인정했으나, 이러한 일반적인 원칙이 방송매체에서는 적용되어서는 안 되는 나름대로의 문제점을 지니고 있었다.

이러한 FCC(연방통신위원회)의 제한들은 내용과 관련된 것은 아니며, 또한 신문사 사업주들을 부당하게 차별하는 것도 아니다. 왜냐하면 라디오방송국, TV방송국, 신문사의 사업주들은 새로운 규칙에 의하면 동일지역 방송국을 위한 면허취득능력에 있어서 동일하게 취급되기 때문이다.

정치후보자들의 액세스권

CBS, Inc v. FCC(콜롬비아 방송국 對 연방통신위원회) 사건305)에서 연방대법원은 U.S.C.A. § 312(a)(7)에 의해 FCC(연방통신위원회)에 수여된 권한을 수정헌법 제1조에 부합하는 것으로 보았다. 이 법은 연방공무원 선거에 있어서 합법적으로 자격을 부여받은 후보자들

---

305) 453 U.S. at 367, 101 S.Ct. at 2813, 69 L.Ed.2d 706 (1981).

에게 상대방이 방송시간을 획득했느냐와는 상관없이 방송시간을 확보할 수 있는 적극적이고 즉시 행사가능한 합리적 액세스권을 규정하고 있었다. 이 법조항의 위반에 대해서는 FCC(연방통신위원회)가 방송업자의 면허를 취소할 수 있었다. 연방대법원은 이 법조항이 "방송매체에 대한 어떠한 일반적인 액세스권"을 인정하는 것은 아니라는 점을 강조했다.306) 그러나 이 법(U.S.C.A.) 조항 § 312(a)(7)은 합헌이며 대중과 방송업자들 및 연방공무원 후보자들의 수정헌법 제1조상 권리를 적절히 조율한 것이다. 왜냐하면 이는 합법적으로 자격을 부여받은 연방공무원 후보자들에게만 관계되는 제한된 합리적 액세스권을 고안한 것이며, 일단 선거가 시작되면 자신들의 입후보 사실을 알릴 목적으로만 행사할 수 있기 때문이다.307)

CBS, Inc v. DNC(콜롬비아 방송국 對 민주당) 사건308)에서 연방대법원은 액세스권을 인정하기를 거부했다는 점에 주목해야 한다. 그 반면에 CBS, Inc v. FCC(콜롬비아 방송국 對 연방통신위원회) 사건에서, 연방대법원은 제한된 액세스권을 부여한 신중하게 의도된 법률에 대해 합헌성을 인정했다. 두 사건 모두에 있어서, 연방대법원은 연방의회의 판단과 방송매체에 대한 규제에 있어서의 FCC(연방통신위원회)의 견해에 동조하고 있다. 이 영역의 복잡성을 가정한다면, 연방대법원이 연방의회와 행정전문가의 판단에 그토록 의존하는 것은 이상한 일은 아니다.309)

라디오와 TV 같은 전자매체영역에서의 헌법문제는 법원들에게 특별한 문제를 제기해 왔다. 왜냐하면 커뮤니케이션 형태의 독특한 영

---

306) 453 U.S. at 396, 101 S.Ct. at 2830 (emphasis in original).
307) 453 U.S. at 396, 101 S.Ct. at 2830 (emphasis in original).
308) 412 U.S. 94, 93 S.Ct. at 2080, 36 L.Ed.2d 772 (1973).
309) Cf. Radio Corp. of America v. United States, 341 U.S. 412, 420, 71 S.Ct. 806, 810, 95 L.Ed. 1062 (1951): "[C]ourts should not overrule an administrative decision merely because they disagree with its wisdom"

향력 때문이다. 레드 라이언(Red Lion) 사건이 이러한 전자매체에 있어서 본질적으로 기술적 제약요인으로부터 기인하는 독점적 성격과 이러한 본질적인 독점성이 대중의 이익에 최상으로 기여하기 위한 공정성 원칙 행사를 허용한다는 점을 강조한 반면에, 그 이후의 발전양상들은 필요상 독점이라는 사실상의 가정과 더 많은 경쟁보다는 규제가 전자매체를 규율하는 최상의 방법이라는 가정 모두에 의문을 제기해오고 있다.[310]

검열과 '성인'용어

방송에 있어서 언론자유에 관한 수정헌법 제1조상의 권리는 액세스권뿐만 아니라 검열의 문제도 제기한다. FCC v. Pacifica Foundation 사건[311]에서 날카롭게 의견이 대립되었던 연방대법원은 FCC(연방통신위원회)가 적어도 몇몇의 제한된 상황 아래에서 라디오 방송에 대한 성인의 표현을 규제할 권한이 있다고 보았다. 연방대법원은 FCC(연방통신위원회)가 헌법적 의미에 있어서 음란한 용어가 아닌, 저속한 용어 그리고 헌법적 의미에서 공격적 용어를 사용하지 않도록 라디오

---

310) 참조, Coase, The Economics of Broadcasting and Public Policy, in Paul MacAvoy, ed., The Crisis of the Regulatory Commissions 93 (1970); Steiner, Monopoly and Competition in Television: Some Policy Issues, in Paul MacAvoy, ed,. The Crisis of the Regulatory Commisssions 103 (1970); Kreiss, Deregulation of Cable Television and the Problem of Access Under the First Amendment, 54 So.Calif.L.Rev. 1001 (1981).

311) 438 U.S. 726, 98 S.Ct. at 3026, 57 L.Ed.2d 1073 (1978), rehearing denied 439 U.S. 883, 99 S.Ct. 227, 58 L.Ed.2d 198 (1978). 참조 Krattenmaker and Esterow, Censoring Indecent Cable Programs: The New Morality Meets the New Media, 51 Ford.L.Rev. 606 (1983).

방송을 규제할 법령상·헌법상 권한을 가진다고 보았다.312)

특별한 사건에서 한 라디오방송국이 조지 카린의 유머러스한 독백의 녹음을 거의 12분 동안 방송했다. 이 방송은 이른 오후에 있었는데, 그때는 어린이들이 청취자가 될 수 있는 시간이라고 연방대법원은 판단했다. (연방대법원은 카린의 독백을 이해할 정도로 나이를 먹은 아이들이 이른 오후에 학교에서 수업 중일 가능성이 더 많다는 것을 왜 가정해 보지 않았나에 대해서는 설명하지 않았다) 그와 같은 카린에 의한 독백이 행해지는 시간 동안 카린은 반복적으로 성적이며 외설적인 행동들과 성기관에 관한 다양한 용어313)를 사용했으며 또한 어린이들에 대한 중학교의 태도를 비난했다.

자동차 라디오에서 그의 아들과 함께 카린의 방송을 들었던 한 사람의 불만을 신고받은 FCC(연방통신위원회)는 Pacifica 방송재단에 대해 확인판결명령(Declaratory Oder)을 내렸다. FCC(연방통신위원회)가 영업정지명령 또는 벌금부과에서부터 방송국 면허 취소에 이르는 제재조치들 중 어떤 조치를 취할지를 결정할 것이라고 언급했다.

첫째, 연방대법관들은 FCC(연방통신위원회) 규칙이 취하는 법적 권한에 대해 고려했다. 어떤 규칙조항은 FCC(연방통신위원회)가 "검열"을 하는 것을 금지하며,314) 다른 규칙조항은 "음란, 저속 또는 불

---

312) **Dial−a−Porn**. Sable Communications of California, Inc. v. FCC, 492 U.S. 115, 109 S.Ct. 2829, 106 L.Ed.2d 93 (1989) held that Congress can constitutionally immpose an outright ban on "obscene" interstate, pre−recorded, commercial telephone messages ("dial−a−porn").

313) The seven words "that you can't say" were; "shit, piss, fuck, cunt, cocksucker, motherfucker, and tits." Later Carlin added "three more words······you could never say on television, and they were fart, turd and twat······" 438 U.S. at 751, 755, 98 S.Ct. at 3041, 3043 (appendix). The entire monologue is reprinted in an appendix to the opinion.

314) 47 U.S.C.A § 326.

온적인" 방송을 금지한다.315) 연방대법관 중 5인은 검열이라는 것은 FCC(연방통신위원회)가 사전검열에 관여하는 것만을 의미한다고 보았다. FCC(연방통신위원회)는 사전에 방송대본의 내용을 삭제할 수는 없지만, FCC(연방통신위원회)의 규제적 책임을 다하기 위해 방송되는 방송의 내용을 검토할 수는 있다고 하였다.316)

둘째, 연방대법관 중 다수는 두 번째 법조항이, 도덕성의 기준으로 인정되는 기준과 일치하지 않는 것으로, 헌법상 음란한 용어뿐만 아니라 저속한 용어까지도 금지한다고 보았다.317) 다음으로 연방대법원은 대법관 다수에 의해 해석된 법률이 합헌인지에 대해 판단해야 했다. 5인의 대법관은 방송이 모든 형태의 커뮤니케이션 중에서 가장 제한된 언론자유의 보호를 받는다는 데 동의했다. 왜냐하면 방송이라는 것은 모든 미국인들, 심지어는 너무 어려 읽지도 못하는 어린아이들의 생활에까지 특별히 널리 전파할 수 있는 매체 중의 하나이기 때문이다.318) 그러나 5인의 대법관은 그들의 의견에 대한 다른 심화된 헌법적 기준에 대해서 동의하지 않았다. 버거(Burger) 대법관과 렌퀴스트(Rehnquist) 대법관이 합류한 스티븐스(Stevens) 대법관의 의견에서는 '저속함'이라는 것은 대개 문맥상의 작용이라고 보았으며, 성(sex)과 배설을 다루는 명백히 공격적인 용어의 방송은 그

---

315) 18 U.S.C.A. § 1464.
316) 438 U.S. at 735, 98 S.Ct. at 3033. This five person majority also said: "Respect for that [congressional] intent requires that the censorship language be read as inapplicable to the prohibition on broadcasting obscene, indecent, or profane language." 438 U.S. at 738, 98 S.Ct. at 3034. This language, however, would appear to allow even prior censorship of indecent language. Since the rationale of the opinion does not support this broad language, the majority should not be considered to have embraced it.
317) 438 U.S. at 439-40, 98 S.Ct. at 3035.
318) 438 U.S. at 749, 98 S.Ct. at 3040.

내용에 기인해서 규제될 수 있다고 보았다.[319]

블랙먼(Blackmun) 대법관이 합류한 의견에서 파웰(Powell) 대법관은 별개의견을 작성했다. 그들은 "연방대법원이 수정헌법 제1조에 의해 보호되는 언론 중에서 어느 언론이 가장 가치가 있는지는 그 내용에 기초해서 일반적으로 자유롭게 결정할 수 있다는 스티븐스(Stevens) 대법관의 견해를 거부했다. 대신에 나이에 비추어보아 일반적으로 부적절하다고 인정되는 언론으로부터 어린아이를 보호하는 사회의 권리와 어린이의 가정이 그와 같은 공격적 언론에 노출되어도 무방하다는 어른들의 이해관계가 혼합된 방송매체 있어서 독특한 특징에 의존한다."[320]

스튜어트(Stewart) 대법관과 화이트(White) 대법관은 단지 법령상의 근거에 대해서만 언급했으며 헌법문제는 언급치 않았다.[321] 마샬(Marshall) 대법관이 합류한 의견에서 브렌넌(Brennan) 대법관은 헌법문제에까지 도달했으며 강력히 이의를 제기했다. 마샬(Marshall)과 브렌넌(Brennan) 대법관은 대개 대중과 관계된 라디오방송이나 다른 보도방송에 어느 개인이 도움을 구하려고 접근할 때 관련되는 근본적인 사생활보호의 이해관계는 존재하지 않는다고 주장했다. 청취자는 채널을 돌림으로써 진행되는 대중적 토론에 참여할지를 결정한다. 또한 위 2인의 대법관은 FCC(연방통신위원회)의 규제가 어린이 보호의 필요성에 의해서 정당화되지는 않는다고 판단했다.

부모가 자신의 아이를 위해 어떤 결정을 내릴 권리를 가지는 한, 이러한 결정을 해야 할 이는 그 부모들이지 정부가 아니다. 이는 대법관들에게 놀라운 것일 수도 있지만, 몇몇 부모들에게서는 실제로 카린의 7가지 더러운 용어에 대한 대담함으로 당황치 않는 태도를

---

319) 438 U.S. at 743, 98 S.Ct. at 3037.
320) 438 U.S. at 761-762, 98 S.Ct. at 3051.
321) 438 U.S. at 779-780, 98 S.Ct. at 3056.

발견할 수 있으며, 카린이 그 용어를 둘러싸고 있는 금기를 완화시
키는 방식으로 자신의 아이를 노출시키는 것은 바람직할 수 있다고
생각할 수도 있다.[322) 게다가 정부는 어린이를 보호하기 위해 노력
함에 있어서, 헌법적으로 음란하지 않은 표현의 청취권을 아이들은
물론 어른들에게도 부인하고 있었다. 브렌넌(Brennan) 대법관은 수정
헌법 제1조의 기초를 해체시키려는 다수의견의 시도에 대해 비난했
다. 그리고 그는 다수의견의 위약한 감수성은 편협한 윤리지향적 근
시안의 결과라고 덧붙였다.[323)

다수의견인 5인의 대법관은 자신들의 결정이 매우 신중하고도 철
저한 것이며, 수정헌법 제1조의 표현은 양방향 라디오대화, 엘리자베
스 시대의 희극, 제한된 인원에게만 전달되는 보도, 때때로 공허한
맹세 등은 포함하지 않는다고 강조했다. 이러한 용어가 사용되는 시
간대와 프로그램의 내용은 형벌이 부과되는 형태와 양에 있어서도
적절할 수도 있다.[324) 그러나 3인의 대법관이 인정한 내용에 대한
정부규제를 허용하는 것은 전통적인 수정헌법 제1조로부터의 불안하
고도 중대한 이탈이 된다. 그러한 내용에 대한 정부규제는 연방대법
관들에게 있어서 합리적인 목적을 증진시키는 한도에서 인정되는 것
이며, 이 사건에 있어서는 수용할 만한 도덕성 기준에 '비적합한 것'
을 금지하려는 목적이었다.

방송을 포함하지 않는 다른 형태의 표현에 있어서 연방대법원은
더욱 수정헌법 제1조를 옹호해왔다. 연방대법원이 음란성 금지에 관
해 인용할 때, 연방대법원은 다른 무엇보다도 음란한 표현이, 전체적
으로 고찰할 때 어떤 진지한 문학적·예술적·정치적 또는 과학적
가치를 결여하고 있다는 것을 알게 되었다.[325) 이는 몇몇 종류의 음

---

322) 438 U.S. at 770, 98 S.Ct. at 3051.
323) 438 U.S. at 775, 98 S.Ct. at 3054.
324) 438 U.S. at 750, 98 S.Ct. at 3041.

란한 표현이 다른 형태의 표현보다 더 보호받을 가치가 있다고 판단하는 것은 아니며, 현대 희극에서는 허락되지 않는 음란성이 엘리자베스 시대의 희극 속에서 허락되는 것을 발견해 내지도 못했다고 한다. 차라리 이는 특정 표현을 차별화시키는 원칙에 근거한 수단을 형성하려고 했다. 그러나 스티븐스(Stevens) 대법관은 카린의 독백에서 음란한 용어 사용을 금지했을 것이다.[326] 비록 그가 그와 같은 종류의 단어가 엘리자베스 시대의 희극에서는 사용되는 것이 허락되었을지라도 말이다.[327] 왜냐하면 그는 엘리자베스 시대의 희극형태의 표현이 카린의 풍자보다 더 가치 있는 것이라고 분명히 느끼기 때문이다. 유사하게 만약 그 독백이 정치적 내용을 갖는다고 그가 생각했다면, 그는 그와 같은 음란한 용어가 사용되는 것을 허용했을 것이다.[328]

파웰(Powell)과 블랙먼(Blackmun) 대법관의 의견에서와 마찬가지로 4인의 대법관은 사회적 가치에 대한 5인 대법관 다수의견의 기성적 관점에 따라 표현의 보호정도가 변화한다는 생각을 특별히 피해야 한다고 이의를 제기하였다. 그러나 파웰(Powell)과 블랙먼(Blackmun) 대법관은 FCC(연방통신위원회)의 규칙이 합헌이라는 데 동의했다. 그렇다면 이와 같은 결정에 있어서 연방대법원이 장래에 적어도 전자매체와 관련하여 내용규제를 심사할 수 있다는 엄격성과 관련하여 한 가지 의문이 남는다. 그것은 이러한 유형의 규제 허용성이 적어도 규제된 표현의 가치평가에 관해서 5인 대법관의 개인적 주관에 의존할 수 있다는 점이다.

---

325) Note also that the zoning of adult movies allowed in Young v. American Mini Theatres, 427 U.S. 50, 96 S.Ct. 2440, 49 L.Ed.2d 310 (1976), involved valid goals other than the regulation of speech.
326) 참조 438 U.S. at 775, 98 S.Ct. at 3054.
327) 438 U.S. at 770−71 & n. 5, 98 S.Ct. at 3051−52 & n. 5.
328) 438 U.S. at 746, 98 S.Ct. at 3038−39.

4인의 대법관이 합류한 스티븐스(Stevens) 대법관의 의견에서 스티븐스 대법관은 다음과 같이 결론짓고 있다.

> 우리는 FCC(연방통신위원회)가 돼지 한 마리가 농장이 아닌 거실에 들어간 것을 발견했을 때, FCC(연방통신위원회)의 규제적 권한행사는 그 돼지가 음란한 것이라는 증거에 의존하지 않는다고 보는 것이다.329)

이 같은 '거실 안에 돼지'에 대한 심사는 하급법원들에게는 도움이 되지 않을 것이다.

검열과 공영방송에 의한 편집금지

주파수의 희소성 문제와 시청자에 대한 전자매체의 특별한 영향은 방송매체 이외의 매체에 대한 규제적 통제의 허용범위를 넘어서 전자매체의 정부규제에 대한 사법적(司法的) 승인을 위한 근거로써 제공되었다. 그러나 연방대법원이 전자매체의 규제에 있어서 정부기관에 의한 수정헌법 제1조상 가치를 손상시키는 것을 허용하지 않으려면, 연방의회 또는 연방행정부에 대한 전적인 존중하는 자세를 취해서는 안 된다.

연방통신위원회 대 여성유권자연맹(*Federal Communications Commission v. League of Women Votes*) 사건330)에서 연방대법원은 5 對 4로 국가기관 후보자를 사설에서 논하거나 추천하는 데 관여하는 비영리 교육방송국이 공영방송법인으로부터 보조금을 받는 것을 금지하였던 공영방송법

---

329) 438 U.S. at 750−51, 98 S.Ct. at 3041.
330) 468 U.S. 364, 104 S.Ct. 3106, 82 L.Ed.2d 278 (1984).

조항을 무효라고 판시하였다. 다수의견을 대표하여 판시한 브렌넌 대법관은 전자매체에 대한 규제는 "공적 문제의 적절하고 균형 잡힌 방송과 같은"331) 실질적인 정부이익을 증진하기 위해 명확하게 규정될 때에만 지지될 수 있다고 결론지었다. 이러한 기준은 몇몇 근본원칙들에 근거하여 초기의 사건들에서 개발되었다. 통상조항권에 의거하여 활동하는 연방의회는 부족한 국가적 자원의 사용을 규제하는 권한을 지닌다. 이러한 규제권을 행사함에 있어서 연방의회는 공공(국민)이 균형 잡힌 정보를 제공받도록 보장하여야 한다. 그리고 시청자와 독립적인 의사소통 활동을 하는 방송국 방송인의 수정헌법 제1조상 이익이 연방의회의 규제권 행사를 구체적으로 형성하게 해야 한다.332)

여성유권자연맹(*League of Women Voters*) 사건에서 반대의견의 대법관들은 편집을 제한함에 있어 수정헌법 제1조상 가치를 증진하는 것처럼 보이는 문제가 되는 법률조항은 (1) 방송국에 자금을 지원하는 국가기관에게서 지원을 얻기 위해 논설이나 광고를 방송국의 의도에 맞추어 제작하는 것을 방지하고, (2) 정치계에 영향력을 발휘하고 메시지를 제공하는 정부의 역할을 축소하는 이중의 목적을 달성하도록 제정되었다고 지적한다.333) 그러나 다수의견은 이 법률조항은 수정헌법 제1조상 보장의 핵심에 있는 표현을 억압하기 때문에 편집을 제한하기에 무효라고 판시하였다. 이러한 편집을 제한하는 것은 오로지 억압된 표현의 내용 때문에 자기자치 문제와 관련된 표현을 금지시켰다. 비록 이 법률조항이 단지 정부의 공식적 표명이나 현직 공직자가 품고 있는 견해와 반대되는 논설이나 광고의 금지가 아니라, 모든 논설이나 광고를 금지하였지만, 이 법률조항은 전체적인 화

---

331) 468 U.S. at 380, 104 S.Ct. at 3118.
332) 468 U.S. at 377, 104 S.Ct. at 3116.
333) 468 U.S. 364, 402, 104 S.Ct. 3106, 3129, 82 L.Ed.2d 278, 306 (1984) (렝퀴스트(Rehnquist) 대법관의 반대의견, 버거(Burger) 대법관과 화이트(White) 대법관이 가담하였음).

제의 논의를 금지시켰고 공공의 토론을 위한 과정을 축소시켰다.334)

여성유권자연맹(*League of Women Voters*) 사건에서 문제가 되는 법률은 브렌넌 대법관의 심사기준에 의하면 무효였다. 왜냐하면 공공(국민)에게 균형 잡힌 정보를 제공하는 실질적 이익을 증진하기 위해 명확하게 규정되지 않았기 때문이다. 균형 잡힌 방송을 제공할 이익은, 예를 들면 반대견해가 무료로 방영되는 조건과 같은 덜 제한적인 방법에 의하여 증진될 수 있을 것이다. 실제로 다수의견은 판시하기를, 공영방송의 자금지원을 위한 시스템구조는 이미 연방정부의 간섭으로부터 지역방송국을 독립시키기 위해 작용했다고 판시했다. 나수의견은 연방의회가 논설 또는 후보자선전을 위해 사용했던 비영리 교육방송국 예산의 일부를 자금지원하기를 꺼릴 수 있다는 반대의견에 동의했다. 비록 연방의회가 이러한 유형의 표현행위에 대해 자금지원하기를 거절할 수 있지만, 이러한 방송국을 위한 모든 연방의 자금지원을 차단함에 의해 편집에 관여하는 방송국을 처벌할 수는 없다.335)

2) 케이블 텔레비전(Cable Television)에 대한 규제

미국연방대법원은 수정헌법 제1조와 케이블 텔레비전 간의 교차점에 관해 단호하게 규제하는 것을 주저해왔다. 이러한 주저함은 이하

---

334) 468 U.S. at 385, 104 S.Ct. at 3120, 82 L.Ed.2d at 294.
335) 468 U.S. at 399, 104 S.Ct. at 3127, 82 L.Ed.2d at 303.

에서 논의하는 복잡한 일련의 판결들에서 증명된다.

독점규제

로스앤젤레스市 對 프리퍼드 통신회사(*City of Los Angeles v. Preferred Communications, Inc.*) 사건336)에서 연방대법원은 케이블 텔레비전회사에 프랜차이즈 허가를 금지하는 것이 수정헌법 제1조와 관련이 없다고 하여 시(市)의 상고를 기각했다. 비록 상고인인 시(市)가 유일한 프랜차이즈를 위한 경매에 참가하지 않았지만, 시(市)는 하나의 케이블 텔레비전 이상을 허가하는 것은 물리적 능력을 초과하는 것이었다고 이의를 제기하지 않았다. 비록 시(市)는 다중 케이블시스템이 시각적 장애, 교통정체, 교통위험을 유발할지라도, 케이블 경영자는 이러한 회사들이 특정의 화자(話者)에게 자유로운 표현권을 제한 없이 쉽게 만족시켜 줄 수 있다고 진술했다. 연방대법원은 케이블 경영자의 소청구가 상고인(로스앤젤레스 市)의 논거에 의해서만 결론지어질 수 없는 수정헌법 제1조상의 문제로서 유효하다고 판결하였다. 그러나 상고인(로스앤젤레스 市)의 논거는 더 진전된 소송절차와 실제의 분쟁해결을 위해 하급법원으로 환송됐다. 왜냐하면 케이블 경영자의 표현(메시지 전달)과 그 행위(전신주의 사용 등)는 일련의 소송과정에서 함께 이루어진 것이기에, 연방대법원은 쟁송된 문제에 관해 완전한 검토 후에 상충하는 이익에 대한 수정헌법 제1조상의 가치를 형량하도록 원심법원에 명하였다. *Preferred Communications* 회사는 시조례가 합리적이기에 폐지되지 않을 것이라는 주장 이외에, 그 쟁송의 궁극적인 해결에 대한 어떤 힌트도 제공하지 못했다.

---

336) 476 U.S. 488, 106 S.Ct. 2034, 90 L.Ed.2d 480 (1986).

케이블 텔레비전에 대한 경제적 규제

FCC v. Beach Communications, Inc. 사건[337]과 달리, 연방대법원은 비록 케이블 텔레비전 산업에 영향이 미치더라도, 오로지 경제적 규율이 유지되어야 한다는 원칙에 대해 합리성 심사기준을 적용했다. 연방의회는 케이블 텔레비전 산업을 규율할 때, '소유와 경영이 분리된 빌딩에 적합한 물적 시설'과 '공동소유 또는 공동경영하에 있는 하나 또는 여러 개의 빌딩에 적합한 물적 시설' 간을 구별했다. 그 법률은 공공용지(公共用地)를 사용하지 않고 서비스를 제공하는 한, 후사(공농소유 또는 공동경영하에 있는 하나 또는 여러 개의 빌딩에 적합한 물적 시설)의 범주에 해당되는 케이블 시설은 그 규율에서 제외되었다. 콜롬비아 순회고등법원(The District of Columbia Circuit)은 이러한 구별이 비합리적이고 수정헌법 제5조에 함축된 평등보호원칙을 침해한다고 주장했다. 연방대법원은 반대의견 없이 파기환송하였다.

FCC v. Beach Communications, Inc. 사건에서 연방대법원은 판시하기를, 공동소유의 시스템은 전형적으로 규모 면에서 제한되거나 제한이 필요 없는 몇몇 다른 특성을 지니고 있다는 것은 '그럴 듯'하다. 또한 그러한 법률적 구별은 효과적인 독점권을 위한 잠재력의 중요성을 반영한 것이다. 분리하여 소유하는 한 블록의 빌딩 중 하나의 빌딩에 접시형 안테나를 설치하기 위한 근거를 마련하기 위한 위성원접시형 안테나텔레비전시스템의 최초사업자는 미가입자를 위한 경쟁에서 중요한 비용이익을 지니고 있다. 왜냐하면 다른 경쟁자들은 자신의 위성시설에 대한 비용을 회수해야 하는 반면, 최초사업자는 회선 연장비용만으로 다른 빌딩들을 연결할 수 있기 때문이다. 경제

---

337) 508 U.S. 307, 113 S.Ct. 2096, 124 L.Ed.2d 211 (1993).

적인 규제로써 입법자가 실질적으로 소송신청상 구별을 위해 생각했던 이유가 그 동기였다고 하는 것은 헌법적 목적을 위해 전적으로 부적절하다.

케이블 텔레비전 규제의 "의무재송신(Must-Carry)조항"

터너(*Turner Broadcasting System, Inc. v. FCC*) 사건[338]에서 연방대법원은 발전하는 기술에 비추어 케이블 사업자의 자유로운 표현권에 대한 시험적인 탐구를 계속하였다. 1992년 연방의회는 '케이블 텔레비전 소비자보호 및 경쟁법'을 제정했다. 그 법률 제4항과 제5항은 입법의 후원자를 고려하여 방송텔레비전의 경쟁 생존력을 조성하기 위한 노력의 일환으로 지역방송국이 전송하는 지역방송국 채널을 의무적으로 재송신하도록 케이블 텔레비전 시스템을 규정했다. 연방대법원의 견해에 의하면, 해당 법률은 2가지 주요한 방법으로 케이블 사업자의 표현을 제한했다. 첫째, 해당 법률은 케이블 설립자에게 비구속적 통제를 행사한다는 것 이외에 채널의 수를 제한했다. 둘째, 해당 법률은 케이블 프로그램제작자가 채널 여석의 한정된 수 때문에 경쟁을 심화시킴으로써 전송을 더 어렵게 만들었다.

케이블 사업자들은 이러한 "의무재송신(must-carry)"조항[339]이 수정헌법 제1조를 위반한다고 주장하며 소를 제기하였다. 3인 판사로 구성된 지방법원은 미국에 존재하는 약식재판을 허락했으나, 케네디(Kennedy) 대법관은 연방대법원을 대표하여 약식재판을 무효화시키

---

338) 512 U.S. 622, 114 S.Ct. 2445, 129 L.Ed.2d 497 (1994).

339) 역자 해설: "의무재송신(must-carry)"조항이란 케이블 방송국이 지역 텔레비전 방송국의 프로그램을 받아서 전송해야 한다는 미국 연방통신위원회(FCC)의 규칙을 말한다.

고 추후의 소송절차를 위해 그 사건을 하급법원으로 환송하였다.

첫째, 터너(Turner) 사건에서 연방대법원은 방송제한을 위해 유보된 사법심사기준으로서 덜 제한적인 기준(합리성 기준)을 적용하지 말아야 한다고 판단했다. 왜냐하면 방송주파수의 희소성과 전파간섭의 문제는 케이블텔레비전과의 관계에서 적용하지 말아야 하기 때문이다. "케이블 매체를 사용하는 화자(話者)의 수를 실제적으로 제한할 수 없다."340) 둘째, 연방대법원은 의무재송신(must-carry)조항에 엄격한 기준을 적용해서는 안 된다고 했다. 왜냐하면 의무재송신(must-carry)조항은 내용중립적이기 때문이다. 문면상 의무재송신(must-carry)조항은 입증책임을 부과하고 표현의 내용과 관계없이 이익을 주기 때문이다.

케네디 대법관은 케이블 프로그램과는 달리, "방송 프로그램은 법률과 FCC(연방통신위원회) 규칙에 의해 부과되는 어느 정도 한정된 내용적 제한을 받을 수가 있다."341) 그러나 케네디 대법관은 방송국에 대한 특혜는 "*자동적으로* 내용 제한을 수반한다"는 논거는 받아들이지 않았다.342) 그의 견해에 의하면, 의회의 목적은 방송텔레비전의 내용통제를 위해서가 아닌, 광고수익을 필연적으로 얻기 위해 다수의 잠재적인 청취자를 유지할 것을 보장하기 위함이었다. "의무재송신(must-carry)조항을 제정할 때 연방의회의 최우선적 목적은 특정 주제사건, 관점, 구성의 프로그램을 선호해서가 아니라, 오히려 케이블 없이 미국인의 40%가 무료의 텔레비전 프로그램으로의 접근을 보장하기 위함이었다."343)

연방대법원은 표현에 대해 부수적인 거증책임을 부과하는 내용중립적 제한에 적용되는 중간적 심사기준을 사용해야 한다고 판시했

---

340) 512 U.S. at 639, 114 S.Ct. at 2457.
341) 512 U.S. at 649, 114 S.Ct. at 2462.
342) 512 U.S. at 649, 114 S.Ct. at 2462.
343) 512 U.S. at 646, 114 S.Ct. at 2461.

다. 정부는 정부의 이익을 증진하기 위하여 덜 제한적인 수단을 사용할 필요는 없고, 그 제한은 "그러한 제한 없이 보다 효과적으로 달성될 수 있는 실질적인 정부이익"을 증진해야만 한다.344)

연방대법원의 의견이 아닌 다수의견이었던 케네디 대법관 의견의 일부에서, 케네디 대법관은 재판계류 중에 정부는 "기술된 해악이 추측에 의한 것이 아닌, 실제적이라는 것과 그 규제가 사실상 직접적이고 실제적인 방법으로 이러한 해악을 경감시키리라는 것을 입증해야 한다"고 역설했다.345) 예를 들면, 정부는 지역방송의 경제적 상태가 진정한 위험상태에 있고, "의무재송신(must-carry)"조항에 의해 제공되는 보호의 필요가 있다는 것을 입증해야 한다. 연방의회의 예측적 판단은 "실질적인 존중"을 받을 자격이 있는 반면, 연방의회의 예측적 판단이 "의미 있는 사법심사로부터 전적으로 면제되지는" 않는다.346) 반대의견은 자유로운 표현에 대해 더욱 보호적이었고, 내용에 기초한 규제라고 판단하여 무효라고 주장했다.347)

3년 후, 터너(*Turner Broadcasting System, Inc. v. FCC*) 사건348)에서 케네디 대법관은 연방대법원을 대변하여 판시하였다. 케네디 대법관은 1992년 케이블 텔레비전 소비자보호 및 경쟁법 [제4항과 제5항]의 "의무재송신(must-carry)"조항을 지지했다. 재판계류 중 발전된 더욱 철저히 사실에 입각한 기록에 기초하여, 연방대법원은 3인의 판사로 이루어진 지방법원의 다수의견을 지지했다. 케네디 대법관은 자유로운 주파수에 의한 전파 텔레비전 방송을 보호하려는 의회의 이익, 방송정보와 관련된 수많은 정보원을 증진시키려는 의회의 이익 그리고 텔레비전 방송에서 공정한 경쟁을 증진시키려는 의

---

344) 512 U.S. at 662, 114 S.Ct. at 2469.
345) 512 U.S. at 662, 114 S.Ct. at 2470 (다수의견).
346) 512 U.S. at 666, 114 S.Ct. at 2471 (다수의견).
347) 512 U.S. at 681-83, 114 S.Ct. at 2479.
348) 520 U.S. 180, 117 S.Ct. 1174, 137 L.Ed.2d 369 (1997).

회의 이익이 의무재송신(must-carry)조항에 의해 부과하려는 의회의
결정을 정당화했다. 그 사실에 입각한 기록은—다수의견의 관점이지
반대의견은 그렇게 생각하지 않음—케이블 시스템이 의무재송신
(must-carry)조항이 없었다면 상당수의 방송국의 방송을 보도하는
것이 거부되었을 것이고 방송보도가 되지 않는 지역방송국은 재정적
어려움이라는 심각한 위험상태에 처하게 되었을 것이라는 의회의 판
단을 지지했다.

연방대법원은 문맥상 의무재송신(must-carry) 조항이 수정헌법 제
1조상 중간적 심사기준을 충족했다고 결론지었다. 이는 그 제한규율
이 내용중립석이었고, 직접적이고 효과적인 방법으로 중요한 정부이
익을 증진했다는 것이다. 그 제한규율은 자유로운 표현의 억압과 무
관하였고, 정부이익을 증진하기 위해 필요했던 것보다 더욱더 표현
을 실질적으로 제약하지 않았다.

케이블 텔레비전과 음란물에 대한 규제

이 분야에 있어서 법률의 유동성은 덴버지역 교육통신 컨소시엄 對
연방통신위원회(*Denver Area Educational Telecommunications Consortium,
Inc. v. FCC*) 사건349)에서 잘 설명해주고 있다. 이 사건에서 연방대법
원은 "공공연히 악의적인" 음란물의 케이블 텔레비전방송을 규제하기
위해 제정된 1992년 케이블법(Cable Act)의 세 조항에 대해 이의를 제
기하였다. 매우 의견이 분분했던 연방대법원은 두 개 조항을 무효화하

---

349) 518 U.S. 727, 116 S.Ct. 2374, 135 L.Ed.2d 888 (1996). Ronald D.
Rotunda, Media Accountability In Light of the First Amendment, 21
Social Philosophy & Policy 269 (Cambridge University Press, No.2,
2004).

고 한 개 조항을 지지하였다. 브레이어(Breyer) 대법관은 연방대법원의 판결을 판시하였고, Part Ⅲ과 관련하여 연방대법원의 의견을 전달하였다.

우선, 연방대판관들은 임대 케이블채널에 대한 규제에 관심을 가졌다. 관련 연방법에 의하면, 임대 케이블채널은 상업적 임대를 하기 위해서는 관련 없는 제3자가 케이블시스템운영자가 될 것을 요구하는 채널이다.

문제가 되고 있는 케이블법 10(b)항은 케이블시스템운영자는 (다른 채널은 그렇지 않고) 임대 케이블채널에서 보이는 '공공연히 악의적인' 음란물을 다른 채널에서 분리하도록, 그리고 케이블시스템운영자는 가입시청자의 문서상 요청에 따라 30일 이내에 채널을 차단할 수 있거나 다시 개통할 수 있도록, 또한 가입시청자의 문서상 요청에 따라 30일 이내에 다시 채널을 차단할 수 있도록 규정하고 있었다. 연방대법원을 대표하여 브레이어(Breyer) 대법관은 이 케이블법 조항을 수정헌법 제1조에 근거하여 무효화하였다. 30일까지의 유예기간은 가입시청자가 중요한 진전된 계획을 하는 데 시간을 투자할 것을 요구하고, 그러한 문서상 요청은 만약 그 문서 목록이 부주의로 인하여 공개된다면 명예에 누가 되는 것을 염려하는 가입시청자들에게 부정적인 영향을 미친다. 이러한 제한들은 '덜 제한적인 수단'의 선택도 아니고, 아동들을 보호하기 위해 '명확하게 규정되지'도 않았다. 연방의회는 비임대 케이블채널을 관리하기 위하여 덜 제한적인 수단을 사용하였고, 그 기록상 그 관리에 있어서 임대와 비임대의 차이점에 대한 어떠한 설명도 제공하지 않았다. 예를 들면 연방대법원은 왜 채널의 차단만이 아동들이 음란물만 지속적으로 방영하는 채널에서 적절히 보호할 수 있는지에 대하여 의문을 가졌다. 그러나 유사하게 임대된 음란물채널의 프로그램으로부터 적절하게 아이들을 보호할 수는 없다.

케이블법 10(a)항은 케이블시스템운영자가 임대채널을 통하여 전달되는 '공공연히 악의적'이거나 '음란한' 프로그램을 금지할 수 있도록 허용하고 있다. 1984년부터 1992년까지 다른 법률에서는 케이블시스템운영자가 편성권을 행사하지 못하도록 하고 있었다. 브레이어 대법관(스티븐스와 오코너 그리고 사우터 대법관이 동조하고 있음)은 자세히 기술한 판결에서 이 조항을 지지하였다. 브레이어 대법관은 케이블 텔레비전산업은 역동적이고 그래서 연방대법원은 현재와 장래에 미디어 목적에 적합한 '경직된 하나의 기준'을 설정해서는 안 된다고 주장하였다. 이러한 기준은 심각한 문제에 대처할 수 있는 정부의 능력을 구속하고 저해할 수 있다.

케이블법 10(c)항은 케이블운영자가 '공공연히 악의적인' 프로그램을 공중파방송으로 전송하는 것을 금지하도록 허용하고 있다. 케이블법은 '공중파채널'을 케이블운영자가 케이블방송권을 얻는 대신에 시 지방자치단체가 얻는 중요사항으로서 공적이며, 시정적(市政的)이고, 교육적인 접근권을 유지할 수 있도록 동의한 채널로 정의하고 있다. 브레이어 대법관은(스티븐스와 사우터 대법관이 동조하고 있음) 케이블법 10(c)항은 10(a)항과 달리 위헌이라고 판단하였다. 케이블운영자는 역사적으로 이러한 임대채널에 대한 편성권을 행사하지 못하였다. 따라서 케이블법 10(c)항은 10(a)항과 달리 '케이블운영자가 한때 가졌던 편성권을 다시 회복시켜주는 것이 아니고, 수정헌법 제1조상 보상이익이 존재하지 않거나 적어도 감소되었다.' 더욱이 케이블법 10(c)항은 공중파 채널이 '종종 공적인 요소와 사적인 요소 양자에서, 여러 종류의 복잡한 관리시스템에 종속되는 것이 일반적이기 때문에' 어린이들을 보호하는 데 필수적이지 않다. 시 지방자치단체 자체나 비영리단체가 액세스 채널의 매니저가 될 수 있을 것이다.

케네디 대법관은, 긴스버그 대법관이 동의한 것처럼, 케이블법

10(b)항을 무효화한 연방대법원의 의견에 동의하였다. 그러나 케네디와 긴스버그 대법관은 다른 두 조항인 케이블법 10(a), 10(c)도 역시 무효화되어야 한다고 생각했다. 케네디 대법관이 지적하듯이, 케이블법 10(a)항과 10(c)항은 보호되는 표현의 범주에 속하는, 비외설적 프로그램 또는 저속한 프로그램을 불리하게 취급하고 있었다. 케이블법 10(a)항과 10(c)항은 정부가 공중(국민)이 표현행위를 하도록 하기 위해 개방한 '계획된 공적 포럼'에서 액세스 채널에 적용하고 있다. 케네디 대법관은 솔직히 다수의견의 좁은 관점에 대하여 비판하고 있다. 그리고 이 사건을 결정할 수 있는 "어떤 명백한 법적 기준이 없다는 점"에 대하여 비판하였다.350) 케네디 대법관은 케이블법을 사법심사함에 있어 적절한 기준은 최소한 엄격한 심사라고 주장했다. 또한 부연하기를:

> 1992년 케이블법 10(a)항을 지지했던 다수의견은 변화하고 있다. 새로운 과학기술이 출연하는 것과 관련하여 자유로운 표현을 위협하는 상황에 직면할 때, 우리는 변함없이 수정헌법 제1조상 원칙이 고심의 결과임을 고려하여 이 사건을 분석하는 훈련을 하여야 한다. 이는 새로운 환경에 있어서도 수정헌법 제1조상 표현의 보호를 확실하게 하는 사건별 접근법이 필수적이다. 그러나 다수의견은 이러한 업무를 하는 것보다 오히려 모든 것을 고려할 때 케이블법 10(a)항은 정당하다고 선언하고 있다.351)

렌퀴스트 대법관과 스칼리아 대법관이 그 의견에 가담한, 토마스 대법관의 의견은 연방대법원의 판결에 관해 부분적으로는 동의하고, 부분적으로는 반대하였다. 토마스 대법관은 터너(*Turner Broadcasting System, Inc. v. FCC*) 사건에 기초하여 케이블법 10(a),10(b),10(c) 세

---

350) 518 U.S. at 784, 116 S.Ct. at 2405.
351) 518 U.S. at 780−81, 116 S.Ct. at 2404.

조항을 지지하였다. 대법관들은 터너(Turner) 사건에서 의무재송신(must-carry)조항은 내용에 기초한 것인지 여부에 관해 동의하지 않은 반면, 토마스 대법관은 "비방송미디어에서처럼 케이블운영자도 수정헌법 제1조상 권리를 동일하게 향유할 수 있어야 한다는 것에 대한 합의가 있었다"고 지적하였다.352) 프리랜스 작가가 신문 사설에 게재할 신문을 찾는 것처럼 텔레비전 프로그래머는 케이블 프로그램을 방송할 수 있는 수단을 찾는 것을 보호받아야 한다. 그러나 케이블 프로그래머는 케이블방송사로 하여금 프로그램을 방송하도록 강제할 수 있는 독립적인 수정헌법 제1조상 권리를 가지지는 못한다.353) 시청자는 자발적인 케이블운영자가 방송하는 것을 볼 수 있는 일반적인 권리를 지니는 반면, 출판물 작가가 서점에 자신의 책을 사도록 강제할 수 없는 것처럼, 비자발적인 케이블운영자에게 방송을 강제할 수 있는 권리는 지니지 못한다.

토마스 대법관은 케이블법이 케이블 프로그래머와 시청자의 권리에 대하여 케이블운영자의 편성권의 일반적인 우월성을 인정하고 있다고 주장하였다. 이러한 사건의 상고인들 중에 케이블운영자는 한 사람도 없었다. 상고인들은 케이블시청자, 케이블 프로그래머 또는 그들의 대리기관들이었다. 토마스 대법관은 수정헌법 제1조가 이러한 일부의 상고인들이 주장하는 이익을 보호하고 있는가 그리고 상고인들이나 연방대법원의 다수의견이 자신들의 입장에서 주장하는 권리의 정당성과 법원을 명확하게 설명하지 못하고 있는 것에 대해 의문을 제기하였다.354) 이러한 분석에 의하면 임대채널이나 공중파

---

352) 518 U.S. at 814, 116 S.Ct. at 2420.
353) 토마스 대법관은 수정헌법 제1조상 신문운영자에게 주는 자유로운 표현권이 동일하게 케이블운영자에게도 주어져야 한다고 주장한다. Miami Herald Publishing Co. v. Tornillo, 418 U.S. 241, 94 S.Ct. 2831, 41 L.Ed.2d 730 (1974), on remand, 303 So.2d 21 (Fla.1974).
354) 518 U.S. at 817-18, 116 S.Ct. at 2421-22.

채널은 '강요된 표현'의 형태라 할 수 있다. 정부는 액세스(접근)를 강제하는 법을 규정하고 있다. 케이블운영자가 방송해야 하는 것이 무엇인지를 규정하고 있는 그 법은 강화된 심사기준에서만 정당화될 수 있다. 다른 말로 표현하면, 정부는 이러한 법조항들이 자유로운 표현을 억압하는 것과 관련이 없는 중요한 정부이익을 증진하기만 하면, 케이블운영자의 편집상의 재량에 대한 내용중립적인(Contents−neutral) 제약을 헌법적으로 부과할 수 있다.355)

3) 공정성 원칙과 전통적인 인쇄매체의 규제

특히 신문 같은 전통적인 인쇄매체에서, 공공문제에 관하여 전자매체에 대한 제한과 유사하게 수정헌법 제1조상의 액세스권을 지지하는 사람들의 입장 표명을 억압해 왔다.356) 몇몇 헌법학자들은 말하기를357) 만일 화자(話者)가 현대적 신문의 독점적 성격 때문에 일반대중에게 자신의 견해를 표명하기 위해 필요한 매체에 접근할 수 없다면, 헌법상 보장되는 자유로운 표현권은 무의미한 것이다.

---

355) 116 S.Ct. at 2423 (Thomas, J.) 오코너 대법관의 Turner Broadcasting System, Inc. v. FCC 사건에서의 분석(512 U.S. 622, 680−83, 114 S.Ct. 2445, 2477−79, 129 L.Ed.2d 497 (1994)).

356) Cf. Red Lion Broadcasting Co. v. FCC, 395 U.S. 367, 89 S.Ct. 1794, 23 L.Ed.2d 371 (1969) (공정성 원칙 지지됨); CBS, Inc. v. Democratic National Committee, 412 U.S. 94, 93 S.Ct. 2080, 36 L.Ed.2d 772 (1973) (편집상 광고를 위한 공간을 요구하는 단체는 헌법적으로 방송 미디어에의 액세스권이 보장되지 않는다).

357) 예를 들면 Barren, Access to the Press−A New First Amendment Right, 80 Harv.L.Rev. 1641 (1967).

신문에 대한 액세스권이 없음

연방대법원은 정부가 신문에 대해 액세스권을 보장하거나 공정성의 원칙이 적용될 수 있다는 생각을 강하게 부인했다. 마이애미 헤럴드(*Miami Herald Publishing Co. v. Tornillo*) 사건358)에서, 만장일치로 연방대법원은 신문이 자신의 칼럼에서 정치후보자들을 공격한 것에 대해 정치후보자들에게 자유로운 반론권을 위해 지면을 할애해야 한다고 규정한 플로리다 주법이 수정헌법 제1조를 침해한 것이라고 위헌선언하였다. 연방대법원은 사실상 신문이 어떠한 것을 인쇄하도록 강제하는 법률은 신문의 내용(內容)에 기초하여 형벌을 행사하는 것이라는 전제하에 판시하였다. 이러한 법률의 내용은 위헌적인 검열(檢閱)이었다.359)

비록 전자매체 사건들360)에서 매우 중요하게 여겼던 방송매체에 대해 동일하게 적용되는 제한적인 한계를 둘 수 없지만, 연방대법원의 판단에 따르면, 신문은 신문업자의 권리에 대응하여 액세스할 공적 이익을 비교형량할 때 고려되어야만 하는 지면상 한계를 인정하기 쉽다고 한다.361) 그러나 이러한 물리적인 한계는 연방대법원에서 단지 간단히 논했던 문제인, 신문에서 반론할 지면을 거부하는 데 그 주된 관심이 되지 않았다.362) 비록 강행법이 경제적인 문제를 유

---

358) 418 U.S. 241, 94 S.Ct. 2831, 41 L.Ed.2d 730 (1974). 원심법원으로 환송 303 So.2d 21 (Fla.1974).
359) 418 U.S. at 256, 94 S.Ct. at 2839.
360) 예를 들면 National Broadcasting Co. v. United States, 319 U.S. 190, 63 S.Ct. 997, 87 L.Ed. 1344 (1943); Red Lion Broadcasting Co. v. FCC, 395 U.S. 367, 89 S.Ct. 1794, 23 L.Ed.2d 371 (1969); Columbia Broadcasting System, Inc. v. Democratic National Committee, 412 U.S. 94, 93 S.Ct. 2080, 36 L.Ed.2d 772 (1973).
361) 418 U.S. at 256-57, 94 S.Ct. at 2839.
362) 418 U.S. at 256-57, 94 S.Ct. at 2838-39.

발하지 않았거나 반론을 위한 지면을 인쇄에 앞서 할애하도록 신문에 영향을 미치지는 못했지만, 반론법의 최대의 해악은 신문과 편집자 및 기자의 권리와 기능을 침해한 것이었다.

마이애미 헤럴드(*Miami Herald*)社가 확실히 주장한 바대로, 신문편집자가 어떤 것을 인쇄하거나 인쇄하지 않을 것을 선택할 신문편집자의 권리는 일반인이 신문에의 액세스권을 제한할 수 없다는 것이다. 언론사의 자유는 정보규제와 인쇄매체 간에 정립되는 "사실상 극복하기 어려운 장애물"363)이 존재한다.

전자매체(電子媒體)에 적용되는 공정성 원칙과 인쇄매체에 적용할 수 없는 공정성 원칙 간에 중요한 구별은 전자매체가 '공정성'을 요구하는 FCC(연방통신위원회)의 규제를 정당화하기 위해 법률상 독점을 향유하는 것이다.364) 그 반면, 신문은 어떠한 법률상 독점도 없고, 법률상 독점을 위한 기술상 정당성도 없다.

몇몇 지방도시들은 오직 한 신문만이 공급되는 반면, 뉴욕 타임즈 같은 전국적인 신문이나 위클리 잡지 등의 전국적인 인쇄매체의 형태에는 경쟁이 있다. 만일 누군가가 지역신문에 자신의 견해를 인쇄하고자 한다면, 그는 정부의 허가를 받지 않고 반대의견 편에 의사소통의 채널을 개방함 없이, 자신의 팸플릿이나 포스터나 전단을 간행할 것이다. 더욱이 만약 신문이 독자들의 필요에 무감각하게 되면, 경제시스템상 다른 경쟁자들을 양육시킬 것이다.

결국, 우리가 생각한 바대로 만일 액세스의 부족문제가 인쇄매체의 정부규제의 논의처럼 심각하다면, 액세스 문제의 해결은 액세스의 효율성을 과대평가한 것이다.

---

363) 418 U.S. at 259, 94 S.Ct. at 2840 (화이트(White) 대법관의 동조의견).
364) Red Lion Broadcasting Co. v. FCC, 395 U.S. 367, 89 S.Ct. 1794, 23 L.Ed.2d 371 (1969).

우리는 뉴욕타임즈가 反베트남정책에 대해 책임이 있다고 할 수 있을까? 편집자에게 전쟁을 지지하는 글을 인쇄하라고 요구하는가? 만약 그러한 상황이 심각하다면, 개선책은 비현실적으로 부적절하다. 그러나 그 상황은 그리 심각하지 않다. 뉴욕타임즈, 시카고 트리뷴, NBC, ABC, CBS는 정치형성에 역할을 하고 있다. 그러나 예를 들면, 재선거에 입후보하지 않기로 결정을 한 존슨(Johnson), 베트남으로부터 군대 철수를 거절한 닉슨(Nixon),……분명히 그들은 혼자 책임질 수 없었다. 가설의 제안자를 제외하고는 이 나라의 국민이 이해관계나 사상의 충돌 또는 편견 없이 미디어에 의해 조작되는 단지 생각 없는 로봇이라는 생각은 나를 매우 화나게 하는 가정이다. 헌법적 이론의 개발은 미디어의 힘에 대한 매우 우스꽝스러운 과대평가와 미국국민의 양식에 대한 과소평가에 기초해서는 안 된다.365)

시(市) 소유의 광고공간에의 평등한 액세스권이 없음

마이애미 헤럴드(*Miami Herald*) 사건과 관련하여 동일한 조건에서, 연방대법원은 다른 액세스 사건을 판단했다. 이 사건은 사설(私設)언론사와 관련된 것이 아니라, 시(市) 소유의 공영운송시스템에 관한 광고공간의 사용에 관한 것이다. 레만(*Lehman v. Shaker Heights*) 사건366)에서, 5 對 4로 의견이 나뉜 연방대법원367)은 공영고속운송시스템을 운영하는 시(市)가 공공관청이나 공공문제의 광고를 원하는

---

365) Jaffe, The Editorial Responsibility of the Broadcaster: Reflections on Fairness and Access, 85 Harv.L.Rev. 768, 786−87 (1972).

366) 418 U.S. 298, 94 S.Ct. 2714, 41 L.Ed.2d 770 (1974).

367) 블랙먼 대법관은 3인의 다른 대법관의 의견에 가담하였다. 5표를 얻은 더글라스 대법관은 자신의 동조의견에서 버스의 청취자들은 싫지만 듣지 않을 수 없는 상황이라는 생각에 전적으로 의존하면서 기술하고 있다. 418 U.S. 298, 305−308, 94 S.Ct. 2714, 2718−20, 41 L.Ed.2d 770 (1974).

후보자를 위하여 정치적 선전을 게재하는 것을 거절한 반면, 담배회사·은행·정유회사·교회 그리고 운송을 위한 공공서비스 단체를 위한 상업적 광고공간을 판매하는 것은 수정헌법 제1조나 제14조를 침해하는 것이 아니라고 판시하였다.[368]

레만(*Lehman*) 사건에 있어서 본질적인 문제는 단순한 액세스권이 아니고, 평등한 액세스권이었다. 상고인들이 주장한 바는, 몇몇 용도를 위해 사용가능한 광고공간을 만들어 줌으로써, 시(市)는 공공포럼을 창조해냈고 정치적 광고를 금지함에 의해 공공포럼에서의 표현의 내용을 검열할 수 없었다. 연방대법원의 다수의견은 시(市)운송시스템에서 광고공간을 다양한 논거를 위한 공공포럼으로 간주하고, 남용의 기회 및 정실주의의 출현, 싫지만 듣지 않을 수 없는 청중에 대해 강요하는 위험을 최소화하기 위한 것이라는 주장을 기각했다.[369]

더글라스 대법관의 동조의견은 이렇게 주장된 포럼과 '공공포럼'(public forum)의 개념을 사전에 불러일으켰던 상황의 구별을 강조했다.

> 시내전차나 버스는 대화를 위한 공원, 인도 또는 다른 미팅장소에 명백히 있지 않고, 바로 공용도로에 있다. 시내전차나 버스는 직장을 가거나 귀가하는 길에만 있다. 시내전차나 버스가 시(市)에 의해 소유되고 운영한다는 사실은 확실히 이를 더욱 포럼으로 만들게 한다.…… 그리고 만약 우리가 버스나 시내전차를 신문이나 공원으로 전환하려고 한다면, 필요에 의해 정기적으로 통근하는 사람들과 동시에 싫지만 듣지 않을 수 없는 시청자들의 중대한 자유를 앗아가는 것이다.[370]

연방대법원은 특별히 판시하기를 신문이나 전자매체와 같이, 시(市)

---

368) Lehman v. City of Shaker Heights, 418 U.S. 298, 300-301, 94 S.Ct. 2714, 2716, 41 L.Ed.2d 770 (1974).
369) 418 U.S. at 304, 94 S.Ct. at 2717-18.
370) 418 U.S. at 306-07, 94 S.Ct. at 2718-19 (동조의견).

는 수용하는 광고의 형태에 관해서 재량을 행사할 수 있었다.371) 시(市)
는 주(州)행위와 관련되었기에 광고자에 의한 액세스를 통제하는 정책
이 '임의적이거나, 변덕스럽거나 불쾌하게' 되어서는 아니 된다.372)

　　비록 연방대법원 사건들은 공원이나 거리를 넘어서 공적인 공연장
에까지 공공포럼의 개념을 확장해 왔지만,373) 레만(*Lehman*) 사건에
서 연방대법원은 공영운송시설을 포함하는 원칙의 확장을 거부했다.
'만약 버스가 포럼이라면, 버스는 공원보다 신문에 더욱 가깝고', 신
문은 외부자들이 원하나 소유자가 거부하는 신문기사들을 게재하도
록 강제할 수 없다.374)

공익회사의 광고회보(會報)에 대한 액세스권의 부재

　　퍼시픽 가스·전기회사 對 공익회사위원회(*Pacific Gas & Electric
Co. v. Public Utilities Commission*) 사건375)에서 다수의견이 없이 의
견이 분분했던 연방대법원은, 캘리포니아 공익회사위원회(CPUC)는
제3당사자(이 사건에서 이 사적 단체(私的 團體)를 TURN－"Toward
Utility Rate Normalization"이라고 명명하였다) 회보에서의 표현을 포
함시키기 위해 사적(私的) 소유의 공익회사일 것을 요구하지는 않다

---

371)　418 U.S. at 303, 94 S.Ct. at 2717. Public Utilities Commission v.
　　　Pollak, 343 U.S. 451, 72 S.Ct. 813, 96 L.Ed. 1068 (1952) 참조.
372)　418 U.S. at 303, 94 S.Ct. at 2717.
373)　예를 들면, Southeastern Promotions, Ltd. v. Conrad, 420 U.S. 546, 95
　　　S.Ct. 1239, 43 L.Ed.2d 448 (1975).
374)　Lehman v. Shaker Heights, 418 U.S. 298, 306, 94 S.Ct. 2714, 2719,
　　　41 L.Ed.2d 770 (1974); Miami Herald Publishing Co. v. Tornillo, 418
　　　U.S. 241, 94 S.Ct. 2831, 41 L.Ed.2d 730 (1974).
375)　475 U.S. 1, 106 S.Ct. 903, 89 L.Ed.2d 1 (1986), rehearing denied 475
　　　U.S. 1133, 106 S.Ct. 1667, 90 L.Ed.2d 208 (1986).

고 판시했다.376) 버거 대법원장, 브렌넌, 오코너 대법관이 가세한 포웰 대법관의 다수의견은 결론짓기를 공익회사의 회보는 "작은 규모의 신문과 차이가 없다"는 것이다. 공익회사의 회보의 내용은 에너지절약 광고로부터 야생동물의 보호와 요리법 광고에까지 이른다. 공익회사위원회(CPUC)는 공익회사 회보에 TURN의 액세스를 부여하도록 공익회사에게 강제할 수 없다.

공익회사위원회(CPUC)는 공중에게 '다양한 견해를 공지함'으로써 공중에게 더 많은 이익이 되어야 한다는 생각 때문에, TURN에게 1년에 4회의 회보에서 '여분의 지면'(extra space)을 사용하도록 허용되어야 한다고 결정했다. '여분의 지면'(extra space)은 월간 계획 후에 회보에서 남겨지는 지면으로 정의되었고, 어떤 추가적인 우편요금이 소요되지 않는 전체 봉투의 무게까지라는 법적인 기준이 요구됐다. 비록 공익회사위원회(CPUC)는 요금부담자가 이러한 여분의 지면을 사용하여야 한다고 결정했지만, 공익회사위원회(CPUC)는 캘리포니아법상 규정된 공익회사의 소비자가 전체의 회보와 그 공유하는 모든 것을 소유한다는 생각을 명백히 거부했다. "따라서 공익회사위원회(CPUC)의 액세스 명령은 상고인이 자신의 재산을 자신의 의사와 불일치하는 의사를 전달하기 위한 수단으로 사용할 수 있어야 한다는 것을 명하고 있다."377)

---

376) Wooley v. Maynard, 430 U.S. 705, 97 S.Ct. 1428, 51 L.Ed.2d 752 (1977).
377) 475 U.S. at 17, 106 S.Ct. at 912.

19

언론사에 의한 액세스권
-특정한 환경에서의 표현-

표현과 언론(출판) 규정의 비교

일반적으로 언론사 또는 특별히 공적인 언론사는 수정헌법 제1조 하에서 어떠한 특권을 갖는가? 헌법상 언론(출판)(the press) 규정은 자유로운 표현의 규정하에서 개인이 갖는 권리와는 다른 또는 더 큰 권리를 언론사에 보장하는가?

지금까지, 연방대법원이 액세스권—특히, 형사재판에 대한 액세스권, 공개재판을 받을 권리[378]—을 보장할 때, 연방대법원은 액세스권을 모두에게 보장하였다. 이러한 액세스권은 공적인 언론사에 제한되지 않는다.[379] (법정에서의 기존의 제한된 좌석으로 인하여, 공적

---

[378] Richmond Newspapers, Inc. v. Virginia, 448 U.S. 555, 100 S.Ct. 2814, 65 L.Ed.2d 973 (1980).

[379] 버거(Burger) 대법관은 First National Bank v. Bellotti, 435 U.S. 765,

인 언론사에게 우선적으로 관람권을 부여하는 것은 헌법적 요구가 아니라 관행이었다.) 연방대법원은 표현과 언론사 간, 사설(私設)언론사와 '공적(公的)언론사' 그리고 '조직화된 매체'(organized media) 간의 어떠한 헌법적 구별을 하는 것을 거부해 왔다. 연방대법원이 그렇게 하는 데는 어떤 주의(主義)나 원칙은 없었다. 법률은 임의로 제정할 수 있으나, 사법적 판결은 임의로 판단할 수 없는 것이었다.

교도소(Prisons)

Pell v. Procunier 사건380)과 *Saxbe v. Washington Post Co.* 사건381)에서, 연방대법원은 수정헌법 제1조가 신문사에 개개의 피고인을 인터뷰할 수 있는 액세스권을 보장하고 있다는 신문사와 수감자의 주장을 기각했다. 연방대법원은 수감자와 뉴스매체(news media) 기자 간의 대면(face-to-face)에 의한 인터뷰를 금지하는 캘리포니아 교도규칙과 연방 교도규칙을 지지했다.382)

Saxbe 사건에서, 수감자는 소송당사자가 아니기 때문에 신문사 기자와의 개인적 인터뷰를 원하는 수감자의 헌법적 권리는 판단되지 않았다.383) 그러나 Pell 사건384)에서는 사회에서 수감자의 독특한 지

795, 98 S.Ct. 1407, 1426, 55 L.Ed.2d 707, 730 (1978) 사건의 동조의견에서 이 문제를 분석했다.
380) 417 U.S. 817, 94 S.Ct. 2800, 41 L.Ed.2d 495 (1974).
381) 417 U.S. 843, 94 S.Ct. 2811, 41 L.Ed.2d 514 (1974).
382) Pell은 캘리포니아 교정국 교범 § 415.071(신문과 다른 매체는 특별한 개개인의 수감자와 인터뷰하는 것이 허가될 수 없다)에 대해 이의를 제기했다. 417 U.S. at 819, 94 S.Ct. at 2802.
383) 신문사, 워싱턴 포스트(the Washington Post) 및 그 기자들은 그 규칙규정에 대한 이의제기를 위하여 연방 법무장관을 상대로 소송을 제기하였다.

위에 비추어 수정헌법 제1조상 관점에서 판단하였다. 다수의견385)을 기술한 스튜어트 대법관은 일반적으로 대중에게 신청된 인터뷰의 절대적 금지는 명백히 표현의 자유와 관련될 수 있다고 지적했다. 그러나 기자회견을 할 권리는 감금상태에서 필요한 것은 아니다. "합법적인 감금은 많은 특권과 권리의 필수적인 철회 또는 제한과, 우리의 형법 제도하의 고려에 의한 정당화된 권리의 취소를 가져온다는 가정으로부터 출발함으로써",386) 연방대법원은 사회의 안전과 수감자의 사회복귀(rehabilitation)의 차원에서 국가의 법적 이익과 수감자의 권리를 비교형량하면서 소송을 진행하였다.387)

여방대법원은 수감자의 섬열받지 말아야 하는 우편물에 대한 권리와 가족과 변호사, 목사 그리고 오래된 친구와의 대면(對面)을 허용하는 방문정책(訪問政策; a visitation policy)을 포함하여 언론사와 대화할 수 있는 대체적 수단을 지니고 있다는 사실에 역점을 두었다. 이러한 대체적 수단들은 외부 사람들과 합리적이고 효과적인 대화를 통해 수감자의 마음을 열 수 있다는 것을 충분히 보장할 수 있다. 대화에 있어 단지 하나의 방법으로 제한하는 것이 수감자의 수정헌법 제1조상 권리를 침해하지는 않는다.388)

연방대법원은 그러한 언론사와 대화할 수 있는 대체수단의 이용이

---

384) 417 U.S. 817, 94 S.Ct. 2800, 41 L.Ed.2d 495 (1974).

385) 포웰(Powell) 대법관은 교도규칙이 수감자의 표현의 자유를 침해하지는 않지만, 신문사의 권리의 문제에는 반한다고 판시하면서 다수의견에 동조하였다. 417 U.S. at 835-36, 94 S.Ct. at 2810-11 (1974). 브렌넌 대법관과 마샬 대법관이 가담한 더글라스 대법관은 Pell v. Procunier 사건과 Saxbe v. Washington Post Co. 사건 모두를 반대했다. 417 U.S. at 836, 94 S.Ct. at 2827.

386) 417 U.S. at 822, 94 S.Ct. at 2804, Price v. Johnston, 334 U.S. 266, 285, 68 S.Ct. 1049, 1060, 92 L.Ed. 1356 (1948)에서 인용.

387) 417 U.S. at 822-24, 94 S.Ct. at 2804-05,

388) 417 U.S. at 824-28, 94 S.Ct. at 2805-07,

일반대중 간의 개인적 통신에 대한 정부의 제한에 있어 정당화될 수 없음을 인정한다. 그러나 수감자는 일반국민과 국가와의 관계보다 교도소장(wardens)과의 관계에서 다른 지위에 있다. 합리적이고 유효한 통신수단이 개방되어 있고 내용에 있어서 어떠한 차별이 없는 한, 법원들은 한계를 정하고 구별함에 있어서 교도관의 재량을 허용해야 한다.[389]

Pell 사건과 Saxbe 사건 모두 신문사의 인터뷰에 대한 이러한 제한이 헌법에 의해 보장된 언론(출판)의 자유를 침해하는지에 대해 심사숙고하였다. 신문사는 피고인의 수정헌법 제1조상의 권리와 무관하게, 신문사 기자는 수감자를 자발적으로 인터뷰할 헌법적 액세스권을 가지고 있다. 교도당국이 특정한 수감자를 인터뷰하는 것은 교도소의 안전과 교도행정의 또 다른 중요한 이익에 명백하고 현존하는 위험에 해당될 수 있다는 결정을 한다면, 이러한 액세스권은 침해될 수 있다. 이 사건에서 신문사는 정보를 수집할 권리만을 주장했지, 공표할 권리에 대한 제한이나 침해는 주장하지 않았다.

연방대법원은 두 사건에서 액세스권의 침해 주장을 거부했다. Pell 사건에서 "뉴스기자는 일반대중에게 허용되는 범위를 넘어서 교도소나 그 수감자에게 액세스할 어떤 헌법적 권리도 갖고 있지 않다"고 밝혔다.[390] 반면 연방대법원은 기자가 정보원(情報源; sources of information)을 찾는 데 자유롭다는 점을 인정했고, 이러한 자유는 주(州)헌법에서 "일반적으로 국민이 아닌 기자는 가능한 정보원을 이용할 수 있는 적극적인 의무가 있다"는 것과 다르다.[391]

연방대법원의 다수의견은 이러한 문제에 있어서 Saxbe 사건이 헌

---

389) 417 U.S. at 826, 94 S.Ct. at 2806, Cruz v. Beto, 405 U.S. at 321, 92 S.Ct. at 1081.
390) 417 U.S. at 834, 94 S.Ct. at 2810.
391) 417 U.S. at 834, 94 S.Ct. at 2810.

법적으로 Pell 사건과 구별되지 않는다고 했다. Saxbe 사건에서 뉴스기자는 교도소를 돌아볼 수 있고, 사진을 찍을 수 있고, 심지어 그들이 만나는 수감자와 즉석에서 인터뷰할 수도 있음을 생각하면, 언론사는 일반대중보다 실제상 수감자에게 보다 더 많은 액세스권을 갖고 있다는 것을 알 수 있다.392)

　　Pell 사건과 Saxbe 사건의 두 사건에서 수정헌법 제1조의 일반적인 기준을 적용하지 않았기 때문에, 교도소라는 제한적인 환경을 제외하고는 많은 선례적 의미를 가지지 않을 수도 있다. 그렇지만 이 사건들은 비록 Pell 사건에서 "뉴스의 수집이 수정헌법 제1조의 보호하에 있다"는 것을 인정하더라도, 교도소 사건들의 범위를 초월하는 판결과 일반국민보다 더 많은 언론사에 의한 액세스권 인정을 확고히 거부했다.393)

　　몇 년 후 또 다른 교도소 사건인, *Houchins v. KQED, Inc.* 사건394)에서 4 對 3의 결정이 난 연방대법원은 교도소 공무원으로 하여금 어떤 교도소 시설에 대한 언론사의 액세스를 허락하도록 한 하급법원의 금지명령을 파기했다. 7인의 대법관은 어떠한 다수의견을 낼수 없을 정도로 의견이 나뉘었다. 다수의견은 정부의 통제 내에서 정부의 정보나 정보원에 대한 수정헌법 제1조 내지 제14조에 의한 액세스권은 없다고 밝혔다. 더 나아가 언론사는 일반적으로 일반국

---

392) Saxbe 사건에서 반대의견을 낸 포웰(Powell) 대법관은 개인적 인터뷰
　　는 효과적인 보도에 중요하고 적절한 의사소통의 대안수단이라는 생
　　각을 거부했다는 말이 입증되었다고 견해를 피력했다. 포웰(Powell) 대
　　법관의 의견은 브렌넌 대법관과 마샬 대법관에 의해 지지되었다. 417
　　U.S. at 850-54, 94 S.Ct. at 2815-17. 더글라스 대법관은 Pell 사건과
　　Saxbe 사건에서 동일한 의견으로 반대했다. 417 U.S. at 836, 94 S.Ct.
　　at 2811.
393) 417 U.S. at 833, 94 S.Ct. at 2809, Branzburg v. Hayes, 408 U.S. 665,
　　707, 92 S.Ct. 2646, 2670, 33 L.Ed.2d 626 (1972).
394) 438 U.S. 1, 98 S.Ct. 2588, 57 L.Ed.2d 553 (1978).

민의 액세스권보다 더 큰 액세스권을 가지고 있지 않다고 했다.395)

스튜어트 대법관은 이 견해에 동조했으나, 보다 구체적인 근거를 바탕으로 판시하였다. 스튜어트 대법관은 언론사는 "일반적으로 일반국민보다 더 우월한" 어떠한 액세스권도 가지지 않지만, 평등한 액세스의 개념은 "언론사와 국민 사이의 실제적인 차이를 조절하기 위해" 유연하게 적용되어야 한다고 했다.396) 이 사건에서 스튜어트 대법관은 유연성(flexibility)이라는 것은 언론사와 국민에게 공개된 지역에서 신문사 기자에 있어서는 녹음장비와 카메라의 합리적인 사용이 요구된다고 생각했다. 왜냐하면 "수정헌법 제1조는 표현의 자유와 언론(출판)의 자유를 분리해서 규정하고 있다는 사실이 어떤 헌법적 우연은 아니지만, 미국사회에서 언론(출판)은 비판적 역할이 인정되기 때문이다."397) 하급법원의 금지명령이 너무 광범위하고 일반적으로 대중보다 언론사에 보다 큰 액세스를 교도소 영역에 주었기 때문에, 스튜어트 대법관은 하급법원 금지명령의 파기에 동의했으나, 소송계류 중에는 보다 주의 깊게 규정된 구제를 금지해서는 안 된다고 했다.

브렌넌, 포웰 대법관이 가담한 스티브스 대법관은 반대의견을 냈다. 그들은 중요 신문과 교도소에 대한 일반적 액세스가 이미 존재했던 사건과 제한적으로 인정된 Pell 사건과 Saxbe 사건398)을 구별했다. 반대의견은 교도소 공무원에게 단지 그러한 액세스에 대한 시

---

395) 화이트(White) 대법관과 렌퀴스트(Rehnquist) 대법관이 버거(Burger) 대법원장의 의견에 가담하였다.
396) 438 U.S. at 16, 98 S.Ct. 2597-98 (스튜어트 대법관은 동조의견). 반대의견 버거(Burger) 대법원장 First Nat. Bank v. Bellotti, 435 U.S. 765, 795, 98 S.Ct. 1407, 1426, 55 L.Ed.2d 707 (1978).
397) 438 U.S. at 17, 98 S.Ct. 2598 (스튜어트 대법관은 동조의견).
398) Pell v. Procunier, 417 U.S. 817, 94 S.Ct. 2800, 41 L.Ed.2d 495 (1974); 사건과 Saxbe v. Washington Post Co., 417 U.S. 843, 94 S.Ct. 2811, 41 L.Ed.2d 514 (1974).

간과 방식을 합리적으로 규제할 수 있는 권한을 허용하는 반면, 교도소에 대한 일반국민과 언론의 액세스권을 부여해야 한다고 한다. 반대의견은 언론사는 '일반적으로 일반국민이 갖는 것보다 정보에 접근할 보다 큰 권리를 갖지 않는다'는 점에 동의했으나, 일반국민은 일반적으로 개별적 구제를 요구할 수 없고, 하급법원은 그 이전에 구제를 소송당사자의 요구에 맞추어 구제하는 데 적합하기 때문에, 언론사에 광범위한 액세스권을 부여한 하급법원의 금지명령을 파기해서는 안 된다고 했다.

다수의견이 없었고, 마샬과 블랙먼 두 대법관이 참여하지 않았기 때문에, Houchins 사건은 아마도 교도소에 대한 액세스를 제한하는 사건에 있어 교도소에 대한 국민의 액세스에 관한 소송은 끝나지 않을 것이다.399) 그렇지만 7인의 대법관은 언론사가 일반적으로 국민보다 더 광범위한 교도소에 대한 액세스권이 없다는 데 동의했다. 연방대법원은 공적 언론사가 일반적으로 일반국민보다 더 큰 수정헌법 제1조상의 권리를 가진다는 생각을 거부했다.

개방된 학교이사회 모임(Open School Board Meetings)

연방대법원은 비록 그 발언이 미결정된 단체교섭 협상에 대한 건의사항이라 하더라도, 학교이사회(a school board)로 하여금 노조대표가 아닌 선생님이 일반인의 참여마저 허용되는 공개회의에서의 발언을 금지하도록 요구한 주 고용위원회의 명령(a state employment commission's order)을 무효화했다.400) 따라서 그러한 발언에 대한 언론사와

---

399) Philadelphia Newspapers, Inc. v. Jerome, 434 U.S. 241, 98 S.Ct. 546, 54 L.Ed.2d 506 (1978).
400) City of Madison v. Wisconsin Employment Relations Commission, 429

일반국민은 동일한 액세스권을 갖는다.

재판에의 액세스권(Access to Trials)

언론사는 일반국민보다 공판에서 제시된 증거에 대해 더 큰 헌법적 액세스권도 갖지 않는다. Nixon v. Warner Communications, Inc. 사건[401]에서 연방대법원은 표현의 자유와 언론(출판)의 자유를 보장한 수정헌법 제1조나 일반적 재판을 받을 권리를 보장한 수정헌법 제6조의 보장도 재판에서 제시된 증거를 복사할 권리를 언론사에게 보장하고 있지 않다고 했다. 언론사는 여러 명의 상고인 재판에서 제출된 여러 개의 워터게이트 테이프를 복사하려고 했었지만, 연방대법원은 법정에서 그 테이프를 듣고 그 사본을 얻을 기회가 양 헌법적 보장규정을 만족시킨다고 했다. 연방대법원은 법정 내에서 언론사는 일반국민보다 더 큰 권리를 향유할 수 없지만, 언론사는 소송절차에서 그의 기자가 보았던 것을 보도하는 데 자유롭다고 판시하였다.[402]

강간 피해자 성명의 공표
(Publication of Rape Victim's Name)

언론사가 일반대중보다 더 큰 권리를 갖지는 않지만, 결코 작은

U.S. 167, 97 S.Ct. 421, 50 L.Ed.2d 376 (1976).
401) 435 U.S. 589, 98 S.Ct. 1306, 55 L.Ed.2d 570 (1978).
402) 435 U.S. at 608-609, 98 S.Ct. at 1317-18.

권리를 지녀서도 안 된다. Florida Star v. B.J.F. 사건403)에서 강간사건의 피해자 성명의 공표에 대해 언론이 민사상 책임을 지도록 한 플로리다 주법을 무효화했다. 언론사는 공적으로 발표된 경찰 보고서에서 피해자의 이름을 알아낼 수 있다. 연방대법원은 언론사가 합법적으로 획득한 정보를 공표한다면, 그 주법이 오직 주의 최상의 질서를 유지하기 위해 제정되었다면, 주는 처벌할 수도 있다고 결론지었다. 그러나 이 사건의 사실들은 이러한 심사기준을 충족할 수 없었다.404) 스칼리아(Scalia) 대법관은 플로리다(Florida) 주는 언론사를 제한했으나, 피해자의 이웃에 의한 험담에 대해서는 어떠한 제한도 두고 있지 않았다고 재치 있게 언급했다. 따라서 이 주법은 언론사에 대해 차별을 했다. '이 주법은 사회가 언론사를 억압하나 사회 자체에 대해서는 억압하지 않도록 제정된 금지적 전체 외형을 지니고 있다.'405)

---

403) 491 U.S. 524, 109 S.Ct. 2603, 105 L.Ed.2d 443 (1989).
404) Cox Broadcasting Corp. v. Cohn, 402 U.S. 469, 95 S.Ct. 1029, 43 L.Ed.2d 328 (1975).
405) 491 U.S. at 542, 109 S.Ct. at 2614.

미국헌법

(전 문)

우리 미합중국 국민은 보다 완전한 연방을 형성하고, 정의를 확립하고, 국내의 안녕을 보장하고, 공동의 방위를 도모하고, 국민의 복지를 증진하고, 우리들과 우리들의 후손들에게 자유와 축복을 확보하기 위하여 미합중국헌법을 제정한다.

제 1 조 (입법부)

제 1 항

이 헌법에 의하여 부여되는 모든 입법권은 합중국 연방의회에 속하며, 연방의회는 상원과 하원으로 구성된다.

제 2 항 (하 원)

【1호】하원은 각 주의 주민이 2년마다 선출하는 의원으로 구성되며, 각 주의 선거인은 주의회의 의원수가 가장 많은 의원의 선거인에게 요

구되는 자격요건을 구비하여야 한다.

【2호】 누구든지 연령이 25세 미만인 자, 합중국 시민으로서의 기간이 7년
이 되지 아니한 자 그리고 선거 당시에 선출되는 주의 주민이 아닌
자는 하원의원이 될 수 없다.

【3호】 하원의원 정수와 직접세는 연방에 가입하는 각 주의 인구수에 비례
하여 각 주에 배정한다.[406] 각 주의 인구수는 연기계약근로자를 포
함한 자유인의 총수에, 과세되지 아니하는 인디언을 제외하고, 그
밖의 인구[407] 총수의 5분의 3을 가산하여 결정한다.[408] 인구수이
산성은 제1회 연방의회를 개회한 후 3년 이내에 행하며, 그 후는
10년마다 법률이 정하는 바에 따라 행한다. 하원의원 정수는 인구
3만 명당 1인의 비율을 초과하지 못한다. 다만, 각 주는 적어도 1
명의 하원의원을 가져야 한다. 위의 인구수의 산정이 있을 때까지
뉴햄프셔 주는 3명, 매사추세츠 주는 8명, 로드아일랜드 주와 프로
비던스 식민지는 1명, 코네티컷 주는 5명, 뉴욕 주는 6명, 뉴저지
주는 4명, 펜실베이니아 주는 8명, 델라웨어 주는 1명, 메릴랜드
주는 6명, 버지니아 주는 10명, 노스캐롤라이나 주는 5명, 사우스
캐롤라이나 주는 5명, 그리고 조지아 주는 3명의 의원을 각각 선출
할 수 있다.[409]

【4호】 어느 주에서든 그 주에서 선출된 하원의원에 결원이 발생하였을 경
우에는 그 주의 행정부가 그 결원을 보충하기 위한 보궐선거의 명
령을 내려야 한다.

【5호】 하원은 그 의장과 그 밖의 임원을 선임하며, 탄핵권한을 전유한다.

---

406) 수정헌법 제14조에 의해 개정됨.
407) 흑인 및 노예를 지칭한다.
408) 수정헌법 제14조에 의해 폐지됨.
409) 임시조항.

제 3 항 (상 원)

【1호】 상원은 각 주의회에서 선출한410) 6년 임기의 상원의원 2명씩으로 구성되며, 각 상원의원은 1표의 투표권을 가진다.

【2호】 상원의원들이 제1회 선거의 결과로 당선되어 소집되면, 즉시 의원 총수를 가능한 한 동수의 3개 부(部)로 나눈다. 제1부의 의원은 2년 임기로, 제2부의 의원은 4년 임기로, 그리고 제3부의 의원은 6년 임기로 하여, 상원의원 총수의 3분의 1이 2년마다 개선한다. 그리고 어느 주에서든 주의회의 개회 중에, 사직 또는 그 밖의 원인으로 상원의원의 결원이 발생한 때에는, 그 주의 행정부는 다음 회기의 주의회가 결원을 보충을 할 때까지 잠정적으로 상원의원을 임명할 수 있다.411)

【3호】 연령이 30세 미만이거나, 합중국시민으로서의 기간이 9년이 되지 아니하거나 또는 선거 당시 선출되는 주의 주민이 아닌 자는 상원의원이 될 수 없다.

【4호】 합중국의 부통령은 상원의장이 된다. 다만, 표결 시 가부 동수일 경우를 제외하고는 투표권이 없다.

【5호】 상원은 의장 이외의 임원들을 선임하며, 부통령이 결원일 경우이거나, 부통령이 대통령의 직무를 집행하는 때에는 임시의장을 선임한다.

【6호】 상원은 모든 탄핵심판의 권한을 전유한다. 이 목적을 위하여 상원이 개회될 때, 상원의원들은 선서 또는 확약을 하여야 한다. 합중국 대통령에 대한 심판을 하는 경우에는 연방대법원장을 의장으로

---

410) 수정헌법 제17조에 의해 개정됨.
411) 수정헌법 제17조에 의해 개정됨.

한다. 누구든지 출석의원 3분의 2 이상의 찬성 없이는 유죄판결을
받지 아니한다.

【7호】 탄핵심판에서의 판결은 면직 그리고 명예직, 위임직 또는 보수를
수반하는 합중국의 공직에 취임, 재직하는 자격을 박탈하는 것 이
상이 될 수 없다. 다만, 이 같은 유죄판결을 받은 자일지라도 법률
의 규정에 따른 기소, 심리, 판결 및 처벌을 면할 수 없다.

제 4 항 (연방의회의 조직)

【1호】 상원의원과 하원의원을 선거할 시기, 장소 및 방법은 각 주에서 그
주의회가 정한다. 그러나 연방의회는 언제든지 법률에 의하여, 그
러한 규정을 제정 또는 개정할 수 있다. 다만, 상원의원의 선거장
소에 관하여는 예외로 한다.

【2호】 연방의회는 매년 적어도 1회 집회하여야 한다. 그 집회의 시기는
법률에 의하여 다른 날짜를 지정하지 아니하는 한 12월의 첫째 월
요일로 한다.412)

제 5 항

【1호】 각 원(各院)은 그 소속 의원의 당선, 득표수 및 자격을 판정한다.
각 원은 소속 의원의 과반수가 출석함으로써 의사를 진행시킬 수
있는 정족수를 구성한다. 정족수에 미달하는 경우에는 출석의원이
연일 휴회할 수 있으며, 각 원에서 정하는 방법과 벌칙에 따라 결
석의원의 출석을 강요할 수 있다.

【2호】 각 원(各院)은 의사규칙을 결정하며, 원내의 질서를 문란케 한 의

---

412) 수정헌법 제20조에 의해 개정됨.

원을 징계하며, 의원 3분의 2 이상의 찬성을 얻어 의원을 제명할 수 있다.

【3호】 각 원(各院)은 의사록을 작성하여, 각 원에서 비밀에 붙여져야 한다고 판단하는 부분을 제외하고, 이것을 수시로 공표하여야 한다. 각 원은 출석의원수의 5분의 1 이상이 요구할 경우에는 어떠한 문제에 대해서도 소속의원의 찬반투표수를 의사록에 기재하여야 한다.

【4호】 연방의회의 회기 중에는 어느 의원이라도 다른 의원의 동의 없이 3일 이상 휴회하거나, 회의장을 양원이 개최한 장소 이외의 장소로 옮길 수 없다.

제 6 항

【1호】 상원의원과 하원의원은, 그 직무에 대하여 법률이 정하고 국고로부터 지급되는 보수를 받는다. 양원(兩院)의 의원은 반역죄, 중죄 및 치안방해죄를 제외하고는 어떠한 경우에도 그 의원의 회의에 출석 중에 그리고 의사당까지의 왕복도중에 체포되지 아니할 특권이 있다. 양원의 의원은 원내에서 행한 발언이나 토론에 관하여 원외에서 처벌받지 아니한다.

【2호】 상원의원 또는 하원의원은 재임 기간 중에 신설되거나 봉급이 인상된 어떠한 합중국 공직에도 임명될 수 없다. 합중국의 어떠한 공직에 있는 자라도 재직 중에 양원 중의 어느 일원(一院)의 의원이 될 수 없다.

제 7 항

【1호】 세입징수에 관한 모든 법률안은 먼저 하원에서 제안되어야 한다. 다만, 상원은 이에 대해 다른 법안에서와 마찬가지로 수정안을 발

의하거나 수정을 가하여 동의할 수 있다.

【2호】 상원과 하원은 모두 통과한 모든 법률안은 법률로 확정되기 전에 대통령에게 이송되어야 한다. 대통령이 이를 승인하는 경우에는 이에 서명하며, 승인하지 아니하는 경우에는 이의서를 첨부하여 이 법률안을 발의한 의원(議院)으로 환부하여야 한다. 법률안을 환부받은 의원(議院)은 이의의 대략을 의사록에 기록한 후 이 법률안을 다시 심의하여야 한다. 다시 심의한 결과, 그 의원(議院)의 의원(議員) 3분의 2 이상의 찬성으로 가결한 때에는, 이 의원(議院)은 이 법률안을 대통령의 이의서와 함께 다른 의원(議院)으로 이송하여야 한다. 다른 의원(議院)에서 이 법률안을 재심의하여 의원(議員)의 3분의 2 이상의 찬성으로 가결한 때에는 이 법률안은 법률로 확정된다. 이 모든 경우에 있어서 양원(兩院)의 표결은 지명에 의한 찬부성명(贊否聲名)으로 결정되며, 그 법률안에 대한 찬성자와 반대자의 성명을 각 원의 의사록에 기재하여야 한다. 법률안이 대통령에게 이송된 후 10일 이내(일요일 제외)에 의회로 환부되지 아니할 때에는 그 법률안은 대통령이 이에 서명한 경우와 마찬가지로 법률로 확정된다. 다만, 연방의회가 휴회하여 이 법률안을 환부할 수 없는 경우에는 법률로 확정되지 아니한다.

【3호】 양원(兩院)의 의결을 필요로 하는 모든 명령, 결의 또는 표결(휴회에 관한 결의는 제외)은 이를 대통령에게 이송하여야 하며, 대통령이 이를 승인하여야 효력을 발생한다. 대통령이 이를 승인하지 아니하는 경우에는 법률안에서와 같은 규칙 및 제한에 따라서 상원과 하원에서 3분의 2 이상의 의원의 찬성으로 다시 가결하여야 한다.

제 8 항 (연방의회에 부여된 권한)

【1호】 연방의회는 다음의 권한을 가진다. 합중국의 채무를 지불하고, 공

동방위와 공공복리를 위하여 조세, 관세, 공과금 및 소비세를 부과
·징수한다. 다만 관세, 공과금 및 소비세는 합중국 전역에 걸쳐 통
일되어야 한다.

【2호】 합중국의 신용으로 금전을 차입한다.

【3호】 주 상호간, 외국 및 인디언부족과의 통상을 규제한다.

【4호】 합중국 전체에 공통되는 통일적인 귀화규정과 파산문제에 대한 통
일적인 법률을 제정한다.

【5호】 화폐를 주조하고, 미국 화폐 및 외국 화폐의 가치를 규정하며, 도
량형의 기준을 정한다.

【6호】 합중국의 유가증권 및 통화의 위조에 관한 벌칙을 정한다.

【7호】 우편관서와 우편도로를 건설한다.

【8호】 저작자와 발명자에게 그들의 저술과 발명에 대한 독점적인 권리를 일
정 기간 확보해 줌으로써 과학과 유용한 기술의 발달을 촉진시킨다.

【9호】 연방대법원 아래에 하급법원을 조직한다.

【10호】 공해에서 범한 해적행위 및 중죄 그리고 국제법에 위배되는 범죄
를 정의하고 이에 대한 벌칙을 정한다.

【11호】 전쟁을 선포하고, 나포허가장을 수여하고, 지상 및 해상의 포획에
관한 규칙을 정한다.

【12호】 육군을 모집, 편성하고 이를 유지한다. 다만, 이 목적을 위한 경
비의 지출 기간은 2년을 초과하지 못한다.

【13호】 해군을 창설하고 이를 유지한다.

【14호】 육·해군의 통수 및 규제에 관한 규칙을 정한다.

【15호】 연방법률을 집행하고, 반란을 진압하고, 침략을 격퇴하기 위하여
민병의 소집에 관한 규칙을 정한다.

【16호】 민병대의 편성·무장 및 훈련에 관한 규칙과 합중국의 군복무자들
을 규율하는 규칙을 정한다. 다만, 각 주는 민병대의 장교를 임명
하고, 연방의회가 정한 군율에 따라 민병대를 훈련시키는 권한을
각각 유보한다.

【17호】 특정 주가 합중국에게 양도하고, 연방의회가 이를 수령함으로써
합중국정부 소재지로 되는 지역(10평방 마일을 초과하지 못함)에
대하여는 어떠한 경우를 막론하고 독점적인 입법권을 행사하며,
요새·무기고·조병창·조선소 및 기타 필요한 건물을 세우기 위
하여 주의회의 승인을 얻어 구입한 모든 장소에 대해서도 이와 동
일한 권한을 행사한다.

【18호】 위에 기술한 권한들과, 이 헌법이 합중국 정부 또는 그 부처 또는
그 공무원에게 부여한 모든 기타 권한을 행사하는 데 필요하고 적
절한 일체의 법률을 제정한다.

제 9 항 (연방의회에 금지된 권한)

【1호】 연방의회는 기존 각 주 중 어느 주가 허용함이 적당하다고 인정하

는 사람들413)의 이주 또는 입국을 1808년 이전에는 금지하지 못한다. 다만, 이러한 사람들의 입국에 대하여 1인당 10달러를 초과하지 아니하는 한도 내에서 입국세를 부과할 수 있다.

【2호】 인신보호영장에 관한 특권은 반란 또는 침략이 발생했을 경우에 공공의 안전상 필요가 있는 경우를 제외하고는 이를 정지될 수 없다.

【3호】 사권박탈법 또는 소급입법을 제정할 수 없다.

【4호】 인두세나 그 밖의 직접세는 앞서(제2항 제3호에) 규정한 인구조사 또는 인구산정에 비례하지 아니하는 한, 이를 부과하지 못한다.

【5호】 주로부터 수출되는 물품에 조세 또는 관세를 부과하지 못한다.

【6호】 어떠한 통상 또는 세수에 관한 규정에 의하여서도, 다른 주의 항구보다 특혜적인 대우를 어느 주의 항구에 할 수 없다. 또한 어느 주에 도착 예정이거나 어느 주를 출항한 선박을 다른 주에서 강제로 입·출항수속을 하게 하거나, 관세를 지불하게 할 수 없다.

【7호】 모든 국고금은 법률에 의한 세출 의결에 의하지 아니하고는 지출될 수 없다. 또한 모든 공금의 수납 및 지출에 관한 정규적인 명세서와 결산서는 수시로 공표하여야 한다.

【8호】 합중국은 어떠한 귀족의 칭호도 수여하지 아니한다. 합중국에서 유급직 또는 위임에 의한 관직에 있는 자는 누구라도 연방의회의 승인 없이는 어떠한 국왕, 왕족 또는 외국으로부터도 종류 여하를 막론하고 선물, 보수, 관직 또는 칭호를 받을 수 없다.

---

413) 흑인과 노예를 의미함.

제10항 (주에 금지된 권한)

【1호】 어느 주라도 조약, 동맹 또는 연합을 체결하거나, 나포허가장을 수
여하거나, 화폐를 주조하거나, 신용증권을 발행하거나, 금화 및 은
화 이외의 것으로서 채무지불의 법정수단으로 삼거나, 사권박탈법,
소급입법 또는 계약상 채무를 해하는 법률 등을 제정하거나 또는
귀족의 칭호를 수여할 수 없다.

【2호】 어느 주라도 연방의회의 동의 없이는 수입품 또는 수출품에 대하여
검사법의 집행상 절대적으로 필요한 겨우를 제이하고는 공과금 또
는 관세를 부과하지 못한다. 어느 주에서나 수입품 또는 수출품에
부과하는 모든 공과금이나 관세의 순수입은 합중국국고의 용도에
제공하여야 한다. 또한 연방의회는 이런 종류의 모든 주법들을 개
정하고 통제할 수 있다.

【3호】 어느 주라도 연방의회의 동의 없이는 선박 톤(ton)세를 부과하거나,
평화 시에 군대나 군함을 보유하거나, 다른 주나 외국과 협정이나
협약을 체결할 수 없으며, 실제로 침공당하고 있거나, 지체할 수 없
을 만큼 급박한 위험에 처해 있지 아니하고는 교전할 수 없다.

제 2 조 (행정부)

제 1 항

【1호】 행정권은 미합중국 대통령에게 속한다. 대통령의 임기는 4년으로
하며, 동일한 임기의 부통령과 함께 다음과 같은 방법에 의하여 선
출된다.

【2호】 각 주는 그 주의회가 정하는 바에 따라, 그 주가 연방의회에 보낼 수 있는 상원의원과 하원의원의 총수와 동수의 선거인을 임명한다. 다만, 상원의원이나 하원의원 또는 합중국에서 위임에 의하거나 유급의 관직에 있는 자는 선거인이 될 수 없다.

【3호】 선거인은 각기 자기 주에서 집회하여 비밀투표에 의하여 2인을 선거한다. 다만, 양인 중 적어도 1인은 선거인과 동일한 주의 주민이 아니어야 한다. 선거인은 모든 득표자들의 명부와 각 득표자의 득표수를 기재한 표를 작성하여 서명하고 증명한 다음, 봉합하여 상원의원 앞으로 합중국정부 소재지로 송부한다. 상원의장은 상원의원 및 하원의원들의 앞에서 모든 증명서를 개봉하고 투표를 계산한다. 최고득표자의 득표수가 임명된 선거인의 총수의 과반수가 되었을 때에는 그가 대통령으로 당선된다. 과반수 득표자가 2인 이상이 되고, 그 득표수가 동수일 경우에는 하원이 즉시 비밀투표로 그중 1인을 대통령으로 선임하여야 한다. 과반수 득표자가 없을 경우에는 하원이 동일한 방법으로 최다수득표자 5명 중에서 대통령을 선임한다. 다만, 이러한 방법에 의하여 대통령을 선거할 때에는 선거를 주단위로 하고, 각 주의 하원의원은 1표의 투표권을 가지며, 그 선거에 필요한 정족수는 각 주의 3분의 2의 주로부터 1명 또는 그 이상의 의원의 출석으로 성립되며, 전체 주의 과반수의 찬성을 얻어야 선출될 수 있다. 어떤 경우에 있어서나, 대통령을 선출하고 난 후에 최다수의 득표를 한 자를 부통령으로 한다. 다만, 동수의 득표자가 2인 이상 있을 때에는 상원이 비밀투표로 그중에서 부통령을 선출한다.414)

【4호】 연방의회는 선거인들의 선임시기와 이들의 투표일을 결정할 수 있으며, 이 투표일은 합중국 전역을 통하여 같은 날이 되어야 한다.

---

414) 수정헌법 제12조에 의해 개정됨.

【5호】 출생에 의한 합중국시민이 아닌 자 또는 본 헌법의 제정 시에 합중국 시민이 아닌 자는 대통령으로 선임될 자격이 없다. 연령이 35세 미만인 자 또는 14년간 합중국 내의 주민이 아닌 자도 대통령으로 선임될 자격이 없다.

【6호】 대통령이 면직되거나 사망하거나 사직하거나 또는 그 권한 및 직무를 수행할 능력을 상실할 경우에, 대통령의 직무는 부통령에게 귀속된다. 연방의회는 법률에 의하여 대통령 및 부통령의 면직 또는 직무수행 불능의 경우를 규정할 수 있으며, 그러한 경우에 대통령의 직무를 수행할 공무원을 정할 수 있다. 이 공무원은 대통령의 직무수행 불능이 제거되거나 대통령이 새로 선임될 때까지 대통령의 직무를 대행한다.415)

【7호】 대통령은 그 직무수행에 대한 대가로 정기적으로 보수를 받으며, 그 보수는 임기 중에 인상 또는 인하되지 아니한다. 대통령은 그 임기 중에 합중국 또는 어느 주로부터 그 밖의 어떠한 보수도 받지 못한다.

【8호】 대통령은 그 직무수행을 시작하기에 앞서 다음과 같은 선서 또는 확약을 하여야 한다. "나는 합중국 대통령의 직무를 성실히 수행하며, 나의 능력의 최선을 다하여 합중국 헌법을 보전하고, 보호하고, 수호할 것을 엄숙히 선서(또는 확약)한다."

제 2 항

【1호】 대통령은 합중국 육·해군의 총사령관 그리고 각 주의 민병이 합중국의 현역에 복무할 때는 그 민병대의 총사령관이 된다. 대통령은, 각 소관 직무사항에 관하여, 행정각성의 장관의, 문서에 의한 견해

---

415) 수정헌법 제25조에 의해 개정됨.

를 요구할 수 있다. 대통령은 합중국에 대한 범죄에 관하여, 탄핵의 경우를 제외하고 형의 집행유예 및 사면을 명할 수 있는 권한을 가진다.

【2호】 대통령은 상원의 권고와 동의를 얻어 조약을 체결하는 권한을 가진다. 다만, 그 권고와 동의는 상원의 출석의원 3분의 2 이상의 찬성을 얻어야 한다. 대통령은 대사, 그 밖의 공사 및 영사, 연방대법원 대법관 그리고 그 임명에 관하여 본 헌법에 특별규정이 없으나, 법률로써 정해지는 그 밖의 모든 합중국 공무원을 지명하여 상원의 권고와 동의를 얻어 임명한다. 다만, 연방의회는 적당하다고 인정되는 하급 공무원 임명권을 법률에 의하여 대통령에게만 또는 법원에게 또는 행정각성 장관에게 부여할 수 있다.

【3호】 대통령은 상원의 휴회 중에 생기는 모든 결원을 임명에 의하여 충원하는 권한을 가진다. 다만, 그 임명은 다음 회기가 만료될 때에 효력을 상실한다.

제 3 항

대통령은 연방의 상황에 관하여 수시로 연방의회에 보고하고, 필요하고도 적절하다고 판단되는 시책의 심의를 연방의회에 권고하여야 한다. 긴급 시에 대통령은 상·하 양원 또는 그중의 1원을 소집할 수 있으며, 휴회의 시기에 관하여 양원 간에 의견이 일치되지 아니하는 때에는 대통령은 적당하다고 인정하는 때까지 양원의 정회를 명할 수 있다. 대통령은 대사와 그 밖의 외교사절을 접수하며, 법이 충실하게 집행되도록 유의하며, 또한 합중국의 모든 공무원에게 직무를 위임한다.

제 4 항

대통령, 부통령 그리고 합중국의 모든 문관은 반역죄, 수뢰죄 또는 그 밖의 중대한 범죄 및 경죄로 탄핵받고 유죄판결을 받음으로써 면직된다.

제 3 조 (사법부)

제 1 항

합중국의 사법권은 1개의 연방대법원에, 그리고 연방의회가 수시로 제정, 설치하는 하급법원들에 속한다. 연방대법원 및 하급법원의 판사는 직무를 성실히 수행하는 한 그 직을 보유하며, 그 직무에 대하여는 정기적으로 보수를 받으며, 그 보수는 재임 중에 감액되지 아니한다.

제 2 항

【1호】 사법권은 본 헌법과 합중국 법률, 그리고 합중국의 권한에 의하여 체결되었거나 체결될 조약으로 인하여 발생하는 보통법상 및 형평법상의 모든 사건, 대사와 그 밖의 외교사절 및 영사에 관한 모든 사건, 해사재판 및 해상관할에 관한 모든 사건, 합중국이 일방 당사자가 되는 분쟁, 2개 주 및 그 이상의 주 간에 발생하는 분쟁, 어느 주와 타주 시민 간의 분쟁,416) 상이한 주의 시민들 간의 분쟁, 타주로부터 부여받은 토지에 대한 권리에 관하여 발생하는 같은 주내의 시민 간의 분쟁, 그리고 어떤 주나 그 주의 시민과 외국 또는 외국시민과의 사이에 발생하는 분쟁에 미친다.

【2호】 대사와 그 밖의 외교사절 및 영사에 관계되는 사건과, 주가 당사자

---

416) 수정헌법 제11조에 의해 개정됨.

인 사건은 연방대법원이 제1심의 재판관할권을 가진다. 그 밖의 모든 사건에 있어서는 연방의회가 정하는 예외의 경우를 제외하고, 연방의회가 정하는 규정에 따라 법률문제와 사실문제에 관하여 상소심의 재판관할권을 가진다.

【3호】탄핵사건을 제외한 모든 범죄의 재판은 배심제로 한다. 그 재판은 그 범죄가 행하여진 주에서 하여야 한다. 다만 그 범죄지가 어느 주에도 속하지 아니할 경우에는 연방의회가 법률에 의하여 정하는 장소에서 재판한다.

제 3 항

【1호】합중국에 대한 반역죄는 합중국에 대하여 전쟁을 일으키거나 또는 적에게 가담하여 원조 및 지원을 할 경우에만 성립한다. 누구라도 명백한 위의 행동에 대하여 2명의 증인의 증언이 있거나 또는 공개법정에서 자백하는 경우 이외에는 반역죄의 유죄선고를 받지 아니한다.

【2호】연방의회는 반역죄의 형벌을 선고하는 권한을 가진다. 다만, 반역죄의 선고로 인하여 사권박탈된 자는 자기의 생존기간을 제외하고 혈통을 모독하거나 재산 몰수를 초래당하지 아니한다.

제 4 조 (주 상호간의 관계)

제 1 항

각 주는 다른 주의 법령, 기록 및 사법절차에 대하여 충분한 신뢰와 신용을 가져야 한다. 연방의회는 이러한 법령, 기록 및 사법절차를 증명하는 방법과 그것들의 효력을 일반법률로써 규정할 수 있다.

제 2 항

【1호】 각 주의 시민은 다른 어느 주에 있어서도 그 주의 시민이 향유하는
모든 특권 및 면책권을 가진다.

【2호】 어느 주에서 반역죄, 중죄 또는 그 밖의 범죄로 인하여 고발된 자
가 도피하여 재판을 면하고, 다른 주에서 발견된 경우, 그 범인이
도피해 나온 주의 행정당국의 요구에 의하여, 그 범인은 그 범죄에
대한 재판관할권이 있는 주로 인도되어야 한다.

【3호】 어느 주에서 그 주의 법률에 의하여 사역 또는 노역을 당하도록 되
어 있는 자가 다른 주로 도피한 경우에, 다른 주의 어떠한 법률 또
는 규정에 의하여서도 그 사역 또는 노역의 의무는 해제되지 아니
하며, 그 자는 그 사역 또는 노역을 요구할 권리를 가진 당사자의
청구에 따라 인도되어야 한다.[417]

제 3 항 (연방·주 간의 관계)

【1호】 연방의회는 새로운 주를 연방에 가입시킬 수 있다. 다만, 다른 주
의 관할구역 안에서 새로운 주를 형성하거나 설립할 수 없다. 또
관계 각 주의 주의회와 연방의회의 동의 없이는 2개 이상의 주 또
는 주의 일부를 합병하여 새로운 주를 형성할 수 없다.

【2호】 연방의회는 합중국에 속하는 영토 또는 합중국에 속하는 그 밖의
재산을 처분하고 이에 관한 모든 필요한 규칙 및 규정을 제정하는
권한을 가진다. 다만, 이 헌법의 어떠한 조항도 합중국 또는 어느

---

417) 수정헌법 제13조에 의해 개정됨.

주의 권리를 훼손하는 것으로 해석하여서는 아니 된다.

제 4 항

합중국은 이 연방 내의 모든 주에 공화정체를 보장하며, 각 주를 침략으로부터 보호하며, 또 각 주의 주의회 또는 행정부(주의회를 소집할 수 없을 때)의 요구가 있을 때에는 주내의 폭동으로부터 각 주를 보호한다.

제 5 조 (헌법개정절차)

연방의회는 상·하 양원의 의원 3분의 2가 본 헌법에 대한 개정의 필요성을 인정할 때에는 헌법개정을 발의하여야 하며 또는 각 주 중 3분의 2 이상의 주의회의 요청이 있을 때에도 개정발의를 위한 헌법회의를 소집하여야 한다. 어느 경우에 있어서나 개정은 연방의회가 제의하는 비준의 두 방법 중의 어느 하나에 따라, 주의 주의회 4분의 3에 의하여 비준되거나 또는 주의 주헌법회의 4분의 3에 의하여 비준되는 때에는 사실상 본 헌법의 일부로서 효력을 발생한다. 다만, 1808년 이전에 이루어진 개정은 어떠한 방법으로도 제1조 제9항 제1호 및 제4호에 변경을 가져올 수 없다. 어느 주도 그 주의 동의 없이는 상원에서의 동등한 투표권을 박탈당하지 아니한다.

제 6 조

제 1 항 (연방책무)

본 헌법이 제정되기 전에 계약된 모든 채무와 체결된 모든 조약은 본 헌법에서도 연맹규약하에서와 마찬가지로 합중국에 대하여 효력을 가진다.

제 2 항 (연방정부의 최고성)

본 헌법과 본 헌법에 준거하여 제정되는 합중국 법률 그리고 합중국의
권한에 의하여 체결되었거나 체결될 모든 조약은 이 국가의 최고법이다.
모든 주의 법관은 이 법에 구속되면, 어느 주의 헌법이나 법률 중에 이
법에 배치되는 규정이 있을지라도 이 법에 구속된다.

제 3 항

상기한 상원의원 및 하원의원, 각 주의 주의회의원, 합중국 및 각 주의
모든 행정관 및 사법관은 선서 또는 확약에 의하여 본 헌법에 충성할 의
무가 있다. 다만, 종교상의 자격은 합중국의 어떠한 관직 또는 위임에
의한 공직에도 그 자격요건으로서 요구되지 아니한다.

제 7 조 (헌법비준)

본 헌법이 이를 비준하는 각 주 간에 확정되기 위해서는 9개 주의 주헌
법회의에 의한 비준이 필요하다.

서기 1787년, 합중국 독립 제12년 9월 17일, 헌법회의에 참석한 각 주
의 만장일치의 동의를 얻어 본 헌법을 제정한다. 이를 증명하기 위하여
우리들은 이에 서명한다.

의장 겸 버지니아 주 대표 조지 워싱턴
뉴햄프셔 주 존 랭던, 니콜라스 길먼
매사추세츠 주 너대니얼 고램, 루퍼스 킹

코네티커트 주 윌리엄 새뮤얼 존슨, 로저 셔먼
뉴욕 주 앨릭잰더 해밀턴
뉴저지 주 윌리엄 리빙스턴, 데이비드 브리얼리, 윌리엄 패터슨, 조내던 데이튼
펜실베니아 주 벤저민 프랭클린, 토머스 미플린, 로버트 모리스, 조지 클라이머, 토머스 피치먼즈, 자레드 잉거솔, 제임스 윌슨, 구부누어 모리스
델라웨어 주 조지 리드, 거닝 베드포드 주니어, 존 디킨슨, 리처드 배시트, 제이컵 브룸
메릴랜드 주 제임즈 먹헨리, 대니얼 오브 세인트, 토머스 제니퍼, 대니얼 캐럴
버지니아 주 존 블레어, 제임스 매디슨 주니어
노스캐롤라이나 주 윌리엄 블라운트, 리처드 도브스 스페이트, 휴 윌리엄슨
사우스캐롤라이나 주 존 러틀리지, 찰즈 코우츠워스 핑크니, 찰즈 핑크니, 피어스 버틀러
조지아 주 윌리엄 퓨, 에이브러햄 볼드윈

인증서기 윌리엄 잭슨

수정헌법

아래는 미국헌법의 수정조항이다. 수정헌법의 처음 10개 조항은 권리장전이라고 알려져 있다(이 수정조항들은 1789년 9월 25일 발의되어 1791년 12월 15일에 비준됨).

수정 제 1 조 (종교, 언론 및 출판의 집회 및 청원의 권리)

연방의회는 국교를 설립하거나 또는 자유로운 종교행사를 금지하는 법률을 제정할 수 없다. 또한 연방의회는 언론의 자유, 출판의 자유나 국민이 평화로이 집회할 수 있는 권리 및 고충사항의 구제를 위하여 정부에게 청원할 수 있는 권리를 제한하는 법률을 제정할 수 없다.

수정 제 2 조 (무기소지의 권리)

기강이 확립된 민병은 자유로운 주의 안보에 필요하므로 무기를 소장하고 휴대하는 국민의 권리를 침해할 수 없다.

수정 제 3 조 (군인의 숨營)

평화 시에 군대는 어떠한 주택에도 그 소유자의 승낙을 받지 아니하고는 사영할 수 없다. 전시에 있어서도 법률이 정하는 방법에 의하지 아니하고는 사영할 수 없다.

수정 제 4 조 (수색 및 체포영장)

모든 국민은 부당한 수색, 체포, 압수로부터 신체, 가택, 서류 및 통신의 안전을 보장받을 권리를 침해받지 않는다. 체포, 수색, 압수의 영장은 상당한 이유에 근거하고, 선서 또는 확약에 의하여 확인되고, 특히 수색장소, 체포될 사람 또는 압수물품을 기재하지 아니하고는 이를 발급할 수 없다.

수정 제 5 조 (형사사건에서의 제 권리)

누구라도 대배심에 의한 고발 또는 기소가 있지 아니하는 한, 사형에 해당하는 죄 또는 파렴치죄에 관하여 처벌을 받지 아니한다. 다만, 육군이나 해군에서 또는 전시나 천재지변 시에 복무 중에 있는 민병대에서 발생한 사건에 관해서는 예외로 한다. 누구라도 동일한 범행으로 생명이나 신체에 대한 위협을 재차 받지 아니하며, 어떠한 형사사건에 있어서도 자기에게 불리한 진술을 강요당하지 아니한다. 누구라도 적법절차에 의하지 아니하고는 생명, 자유 또는 재산을 박탈당하지 아니한다. 또 정당한 보상 없이, 사유재산의 공용수용당하지 아니한다.

수정 제 6 조 (공정한 재판을 받을 제 권리)

모든 형사소추에 있어서, 피고인은 범죄가 행하여진 주 및 법률이 미리 정하는 지역의 공정한 배심에 의한 신속한 공판을 받을 권리, 피의사건의 성질과 이유에 관하여 통고받을 권리, 자기에게 불리한 증언과 대질심문을 받을 권리, 자기에게 유리한 증언을 얻기 위하여 강제절차를 보장받을 권리, 자신의 변호를 위하여 변호인의 도움을 받을 권리를 가진다.

수정 제 7 조 (민사사건에서의 제 권리)

보통법상의 소송에서, 소송의 가액이 20달러를 초과하는 경우에는 배심에 의하여 심리를 받을 권리가 보장된다. 배심에 의하여 심리된 사실은 보통법의 규정에 의하는 것 이외에 합중국의 어느 법원에서도 재심받지 아니한다.

수정 제 8 조 (보석금, 벌금 및 형벌)

과다한 보석금을 요구하거나, 과다한 벌금을 과하거나, 잔혹하고 비정상적인 형벌을 과하지 못한다.

수정 제 9 조 (국민이 보유하는 제 권리)

본 헌법에 특정한 권리들을 열거한 사실이, 국민이 보유하는 그 밖의 여러 권리를 부인하거나 경시하는 것으로 해석되어서는 아니 된다.

수정 제 10 조 (주와 그 주민이 보유하는 권한)

본 헌법에 의하여 연방에 위임되지 아니하였거나, 각 주에게 금지되지 아니한 권한은 각 주나 그 주민이 보유한다.

수정 제 11 조[418] (주를 상대로 하는 소송)

합중국의 사법권은 합중국의 한 주에 대하여 다른 주의 시민 또는 외국의 시민이나 시민에 의하여 개시되었거나 제기된 보통법상 또는 형평법상의 소송에까지 미치는 것으로 해석할 수 없다.

수정 제 12 조[419] (대통령 및 부통령의 선출)

선거인은 각각 자신의 주에서 집회하여, 비밀투표에 의하여 대통령과 부통령을 선거한다. 양인 중 적어도 1인은 선거인과 동일한 주의 주민이 아니어야 한다. 선거인은 투표용지에 대통령으로 투표되는 사람의 이름을 지정하고, 별개의 투표용지에 부통령으로 투표되는 사람의 이름을 지정하여야 한다. 선거인은 대통령으로 투표된 모든 사람의 명부와 부통령으로 투표된 모든 사람의 명부 그리고 각 득표자의 득표수를 기재한 표를 별개로 작성하여 선거인이 이에 서명하고 증명한 다음, 봉합하여 상원의장 앞으로 합중국정부 소재지로 송부한다. 상원의장은 상원의원 및 하원의원 참석하에 모든 증명서를 개봉하고 계표(計票)한다. 대통령으로서의 투표의 최고 득표자를 대통령으로 한다. 다만, 득표수가 선임된 선거인의 총수의 과반수가 되어야 한다. 이와 같은 과반수 득표자가 없을 경우 하원은 즉시 대

---

418) 이 수정조항은 1794년 3월 5일에 발의되었고, 1795년 2월 7일에 비준됨.
419) 이 수정조항은 1803년 12월 12일에 발의되었고, 1804년 9월 27일에 비준됨.

통령으로 투표된 사람의 명부 중 3인을 초과하지 아니하는 최다수 득표자들 중에서 대통령을 비밀투표로 선거하여야 한다. 다만, 이러한 방법으로 대통령을 선거할 때에는 선거를 주단위로 하고, 각 주는 1표의 투표권을 가지며, 그 선거에 필요한 정족수는 전체 주의 3분의 2의 주로부터 1명 또는 그 이상의 의원의 출석으로써 성립되며, 전체 주의 과반수의 찬성을 얻어야 선출될 수 있다. 대통령 선출권이 하원에 귀속된 경우에 하원이(다음해 3월 4일까지) 대통령을 선출하지 않을 때에는 대통령의 사망 또는 그 밖의 헌법상의 직무수행 불능의 경우와 같이 부통령이 대통령의 직무를 행한다. 부통령으로서의 최고득표자를 부통령으로 한다. 다만, 그 득표수는 선임된 선거인의 총수의 과반수가 되어야 한다. 과반수 득표자가 없을 경우에는 상원이 득표자명부 중 최다수 득표자 2인 중에서 부통령을 선임한다. 이 목적을 위한 정족수는 상원의원 총수의 3분의 2로 성립되며, 그 선출에는 의원총수의 과반수가 필요하다. 다만, 헌법상 대통령직에 취임할 자격이 없는 사람은 합중국 부통령의 직에 취임할 자격도 없다.

수정 제 13 조[420] (노예제도 폐지)

제 1 항

노예제도 또는 강제노역제도는 당사자가 정당하게 유죄판결을 받은 범죄에 대한 처벌이 아니면 합중국 또는 그 관할에 속하는 어느 장소에서도 인정되지 않는다.

제 2 항

연방의회는 적절한 입법에 의하여 본 조의 규정을 실현할 권한을 가진다.

---

420) 이 수정조항은 1865년 2월 1일에 발의되었고, 1865년 12월 18일에 비준됨.

수정 제 14 조[421] (공민권)

제 1 항

합중국에서 출생하거나 귀화하고, 합중국의 관할권에 속하는 모든 사람은 합중국국민이자 그 거주하는 주의 시민이다. 어떠한 주도 합중국국민의 특권과 면책권을 박탈하는 법률을 제정하거나 시행할 수 없다. 어떠한 주도 적법절차에 의하지 아니하고는 어떠한 사람으로부터 생명, 자유 또는 재산을 박탈할 수 없으며, 그 관할권 내에 있는 어떠한 사람에 대하여도 법에 의한 평등한 보호를 부인하지 못한다.

제 2 항

하원의원은 각 주의 인구수에 비례하여 각 주에 할당된다. 각 주의 인구수는 비과세대상인 인디언을 제외한 각 주의 총인구수이다. 다만, 합중국 대통령 및 부통령의 선거인, 연방의회의 하원의원, 각 주의 행정관, 사법관 또는 각 주 주의회의 의원을 선출하는 어떠한 선거에서도 21세에 달하고 합중국국민인 당해 주의 남성주민 중의 어느 누구에게 투표권이 거부되거나, 어떠한 방법으로 제한되어 있을 때에는 그 주의 하원의원 할당수의 기준은 그러한 남성주민의 수가 그 주의 21세에 달한 남성주민의 총수에 대하여 가지는 비율에 따라 감소된다. 다만, 그가 반란이나 그 밖의 범죄에 가담한 경우는 예외로 한다.

제 3 항

과거에 연방의회의원, 합중국 공무원, 각 주의회의원 또는 각 주의 행정관이나 사법관으로서, 합중국 헌법을 수호할 것을 선서하였으나, 후에

---

421) 이 수정조항은 1866년 6월 16일에 발의되었고, 1868년 7월 28일에 비준됨.

이에 대한 폭동이나 반란에 가담하거나 또는 그 적에게 원조를 제공한 자는 누구라도 연방의회의 상원의원이나 하원의원, 대통령 및 부통령의 선거인, 합중국이나 각 주에서의 문무의 관직에 취임할 수 없다. 다만, 연방의회는 각 원(各院)의 3분의 2의 투표로써 그 실격(失格)을 해제할 수 있다.

제 4 항

폭동이나 반란을 진압할 때의 공헌에 대한 은급 및 하사금을 지불하기 위하여 기채(起債)한 부채를 포함하여 법률로 인정한 국채의 법적 효력은 이를 문제도 삼을 수 없다. 그러나 합중국 또는 주는 합중국에 대한 폭동이나 반란을 원조하기 위하여 기채한 부채에 대하여 또는 노예의 상실이나 해방으로 인한 청구에 대하여서는 채무를 부담하거나 지불하지 아니한다. 모든 이러한 부채, 채무 및 청구는 위법이고 무효이다.

제 5 항

연방의회는 적절한 입법에 의하여 본 조의 규정을 실현할 권한을 가진다.

수정 제 15 조[422] (흑인의 투표권)

제 1 항

합중국국민의 투표권은 인종, 피부색 또는 과거의 예속상태로 인하여, 합중국이나 주에 의하여 거부되거나 제한되지 아니한다.

---

422) 이 수정조항은 1869년 2월 27일에 발의되었고, 1870년 3월 30일에 비준됨.

제 2 항

연방의회는 적절한 입법에 의하여 본 조의 규정을 실현할 권한을 가진다.

수정 제 16 조[423] (소득세)

연방의회는 어떠한 소득원에서 얻어지는 소득에 대하여서도, 각 주에 배당하지 아니하고 국세조사나 인구수에 관계없이, 소득세를 부과·징수할 권한을 가진다.

수정 제 17 조[424] (연방의회 상원의원 직접선거)

제 1 항

합중국의 상원은 각 주 2명씩의 상원의원으로 구성된다. 상원의원은 그 주의 주민에 의하여 선출되고 6년의 임기를 가진다. 각 상원의원은 1표의 투표권을 가진다. 각 주의 선거인은 주의회의 의원(議院) 중 의원수가 많은 議院의 선거인에 요구되는 자격을 가져야 한다.

제 2 항

상원에서 어느 주의 대표의원에 결원이 생긴 때에는 그 주의 행정부는 결원을 보충하기 위하여 선거명령을 발하여야 한다. 다만, 주민이 주의회가

---

423) 이 수정조항은 1909년 7월 12일에 발의되었고, 1913년 2월 25일에 비준됨.
424) 이 수정조항은 1912년 5월 16일에 발의되었고, 1913년 5월 31일에 비준됨.

정하는 바에 의한 선거에 의하여 결원을 보충할 때까지, 주의회는 그 주의 행정부에게 임시로 상원의원을 임명하는 권한을 부여할 수 있다.

제 3 항

본 수정조항은 본 헌법의 일부로서 효력을 발생하기 이전에 선출된 상원의원의 선거 또는 임기에 영향을 주는 것으로 해석하지 못한다.

수정 제 18 주425) (금 주)

제 1 항

본 조의 비준으로부터 1년을 경과한 후에는 합중국 내와 그 관할에 속하는 모든 영역 내에서 음용할 목적으로 주류를 양조, 판매 또는 운송하거나 합중국에서 이를 수입 또는 수출하는 것을 금지한다.

제 2 항

연방의회와 각 주는 적절한 입법에 의하여 본 조를 실현할 경합적 권한을 가진다.

제 3 항

본 조는 연방의회로부터 이를 각 주에 제의한 날로부터 7년 이내에 각 주의 주의회가 헌법에 규정된 바와 같이 수정헌법으로서 비준하지 아니하면 그 효력을 발생하지 아니한다.

---

425) 이 수정조항은 1917년 12월 18일에 발의되었고, 1919년 1월 29일에 비준됨. 그러나 이 조항은 수정헌법 제21조로 인하여 폐기됨.

수정 제 19 조426) (여성의 선거권)

제 1 항

합중국시민의 투표권은 성별로 인하여 합중국이나 주에 의하여 거부 또는 제한되지 아니한다.

제 2 항

연방의회는 적절한 입법에 의하여 본 조를 실현할 권한을 가진다.

수정 제 20 조427) (대통령과 연방의회의원의 임기)

제 1 항

대통령과 부통령의 임기는 본 조가 비준되지 아니하였더라면 임기가 만료되었을 해의 1월 20일 정오에, 그리고 상원의원과 하원의원의 임기는 임기가 만료되었을 해의 1월 3일 정오에 끝난다. 그 후임자의 임기는 그 때부터 시작된다.

제 2 항

연방의회는 매년 적어도 1회 집회한다. 그 집회는 의회가 법률로 다른 날을 정하지 아니하는 한 1월 3일 정오부터 시작된다.

---

426) 이 수정조항은 1919년 6월 4일에 발의되었고, 1920년 8월 26일에 비준됨.
427) 이 수정조항은 1932년 3월 2일에 발의되었고, 1933년 2월 6일에 비준됨.

제 3 항

대통령의 임기 개시일로 정해놓은 시일에 대통령 당선자가 사망하였으면 부통령 당선자가 대통령이 된다. 대통령 임기의 개시일로 정한 시일까지 대통령이 선정되지 아니하였거나, 대통령 당선자가 자격을 구비하지 못하였을 때에는 부통령 당선자가 대통령이 그 자격을 구비할 때까지 대통령직을 대행한다. 연방의회는 대통령 당선자와 부통령 당선자가 다 자격을 구비하지 못하는 경우에 대비하여 법률로써 규정하고, 대통령의 직무를 대행하여야 할 자 또는 그 대행자의 선정방법을 규정할 수 있다. 이러한 경우에 선임된 자는 대통령 또는 부통령이 자격을 구비할 때까지 대통령의 직무를 대행한다.

제 4 항

연방의회는, 하원이 대통령 선출권을 갖게 되었을 때에 하원이 대통령으로 선출한 인사 중 사망자가 생긴 경우와, 상원이 부통령의 선출권을 갖게 되었을 때에 상원이 부통령으로 선정할 인사 중 사망자가 생긴 경우에 대비하여 법률로 규정할 수 있다.

제 5 항

제1항 및 제2항은 본 조의 비준 후 최초의 10월 15일부터 효력을 발생한다.

제 6 항

본 조는 발의된 날로부터 7년 이내에 각 주의 주의회의 4분의 3에 의하여 수정헌법조항으로 비준되지 아니하면 효력을 발생하지 아니한다.

수정 제 21 조[428] (금주조항의 폐기)

제 1 항

연방헌법수정 제18조는 이를 폐기한다.

제 2 항

합중국의 주 영토 또는 속령의 법률에 위반하여 이들 지역 내에서 양도 또는 사용할 목적으로 주류를 이들 지역에 수송 또는 수입하는 것을 금지한다.

제 3 항

본 조는 연방의회가 이것을 각 주에 발의한 날부터 7년 이내에 헌법규정에 따라서 각 주의 헌법회의에 의하여 수정헌법조항으로서 비준되지 아니하면 효력을 발생하지 아니한다.

수정 제 22 조[429] (대통령임기를 2회로 제한)

제 1 항

누구라도 2회 이상 대통령직에 선출될 수 없으며, 누구라도 타인이 대통령으로 당선된 임기 중 2년 이상 대통령직에 있었거나, 대통령직무를 대

---

428) 이 수정조항은 1933년 2월 2일에 발의되었고, 1933년 12월 5일에 비준됨.
429) 이 수정조항은 1947년 3월 21일에 발의되었고, 1951년 2월 26일에 비준됨.

행한 자는 1회 이상 대통령직에 당선될 수 없다. 다만, 본 조는 연방의
회가 이를 발의하였을 때에 대통령직에 있는 자에게는 적용되지 아니하
며, 또 본 조가 효력을 발생하게 될 때에 대통령직에 있거나 대통령직무
를 대행하고 있는 자가 잔여임기 중 대통령직에 있거나 대통령직무를 대
행하는 것에 영향을 미치지 아니한다.

제 2 항

본 조는 연방의회가 각 주에 발의한 날로부터 7년 이내에 각 주의 주의
회의 4분의 3에 의하여 수정헌법조항으로서 비준되지 아니하면 효력을
발생히지 아니한다.

수정 제 23 조[430] (콜롬비아 특별구에서의 선거권)

제 1 항

합중국정부 소재지를 구성하고 있는 특별구는 연방의회가 다음과 같이
정한 방식에 따라 대통령 및 부통령의 선거인을 임명한다.

그 선거인의 수는 이 특별구가 주라면 배당받을 수 있는 연방의원 내의
상원 및 하원 의원수와 같은 수이다. 그러나 어떠한 경우에도 최소의 인
구를 가진 주보다 그 수가 더 많을 수 없다. 그들은 각 주가 임명한 선
거인들에 포함된다. 그러나 그들도 대통령 및 부통령의 선거를 위하여
주가 선정한 선거인으로 간주된다. 그들은 이 특별구에서 회합하여, 수
정헌법 제12조가 규정하고 있는 바에 따라 그 직무를 수행한다.

---

430) 이 수정조항은 1960년 6월 16일에 발의되었고, 1961년 4월 3일에 비
   준됨.

제 2 항

연방의회는 적절한 입법에 의하여 본 조를 시행할 권한을 가진다.

수정 제 24 조[431] (인두세)

제 1 항

대통령 또는 부통령, 대통령 또는 부통령 선거인 또는 연방의회 상원의원이나 하원의원을 위한 예비선거 또는 본 선거에 있어서 합중국이나 주는 인두세나 기타 세금을 납부하지 아니하였다는 이유로 선거권은 부인되거나 박탈되지 아니한다.

제 2 항

연방의회는 적절한 입법에 의하여 본 조를 실현할 권한을 가진다.

수정 제 25 조[432] (대통령의 직무수행불능과 승계)

제 1 항

대통령이 면직, 사망 또는 사임으로 궐위가 된 경우에는 부통령이 대통령이 된다.

---

431) 이 수정조항은 1962년 8월 27일에 발의되었고, 1964년 1월 23일에 비준됨.
432) 이 수정조항은 1962년 7월 6일에 발의되었고, 1967년 2월 10일에 비준됨.

제 2 항

부통령직이 궐위되었을 때에는 대통령이 부통령을 지명하고, 지명된 부통령은 연방의회 양원의 다수결에 의한 승인을 얻어 그 직에 취임한다.

제 3 항

대통령이 상원의 임시의장과 하원의장에게 대통령의 권한과 임무를 수행할 수 없다는 것을 기재한 서면성명서를 제출할 경우에, 그리고 대통령이 그들에게 그 반대의 사실을 기재한 서면성명서를 제출할 때까지는 부통령이 내통령 권한대행으로서 그 권한과 임무를 수행한다.

제 4 항

부통령, 행정부 각성의 주요공무원 또는 연방의회가 법률에 의하여 설치하는 기타 기관의 장관들의 과반수가 상원임시의장과 하원의장에게, 대통령이 그의 직의 권한과 의무를 수행할 수 없다는 것을 기재한 서면성명서를 제출하는 경우에는 부통령이 즉시 대통령 권한대행으로서 대통령직의 권한과 임무를 떠맡는다.

그 이후 대통령이 상원임시의장과 하원의장에게 직무수행 불능이 존재하지 아니하다는 것을 기재한 서면성명서를 제출하는 경우에는, 대통령은 대통령직의 권한과 의무를 회복한다. 다만, 이 경우에 부통령과 행정부 각성 또는 연방의회가 법률에 의하여 설치하는 기타 기관의 장들의 과반수가 4일 이내에 상원임시의장과 하원의장에게 대통령이 그의 직의 권한과 의무를 수행할 수 없다는 것을 기재한 서면성명서를 제출하는 경우는 예외로 한다. 이러한 경우에 연방의회는 이 문제를 결정한다. 다만, 연방의회가 폐회 중일 경우에는 그 목적을 위하여 48시간 이내에 소집하여 그 문제를 결정한다. 만일 연방의회가 후자의 서면성명서를 접수한 후

21일 이내에 또는 폐회 중일 경우라도 연방의회가 소집 요구를 받은 후 21일 이내에 양원의 각각 3분의 2의 이상의 찬성으로 대통령이 대통령직의 권한과 의무를 수행할 수 없다고 결의할 경우에는 부통령이 대통령권한대행으로서 계속하여 그 권한과 의무를 수행한다. 다만, 그렇지 아니한 경우에는 대통령은 대통령직의 권한과 의무를 회복한다.

수정 제 26 조[433] (18세 이상인 시민의 선거권)

제 1 항

18세 이상의 합중국시민의 선거권은 연령을 이유로 하여 합중국이나 주에 의하여 부인되거나 박탈되지 아니한다.

제 2 항

연방의회는 적절한 입법에 의하여 본 조를 시행할 권한을 가진다.

수정 제 27 조[434] (의원 세비 인상)

상·하 의원의 세비 변경에 관한 법률은 다음 하원의원선거 시까지 효력을 발생하지 않는다.

---

433) 이 수정조항은 1971년 3월 23일에 발의되었고, 1971년 7월 1일에 비준됨.
434) 이 수정조항은 1789년에 발의되었고, 1992년 5월 12일에 비준됨.

Constitution for the
United States of America

We the People of the United States, in Order to form a more perfect Union, establish Justice, insure domestic Tranquility, provide for the common defence, promote the general Welfare, and secure the Blessings of Liberty to ourselves and our Posterity, do ordain and establish this Constitution for the United States of America.

Article. I.

Section. 1.

All legislative Powers herein granted shall be vested in a Congress of the United States, which shall consist of a Senate and House of Representatives.

Section. 2

The House of Representatives shall be composed of Members chosen every second Year by the People of the several States, and the Electors in each State shall have the Qualifications requisite for

Electors of the most numerous Branch of the State Legislature.

No Person shall be a Representative who shall not have attained to the Age of twenty five Years, and been seven Years a Citizen of the United States, and who shall not, when elected, be an Inhabitant of that State in which he shall be chosen.

Representatives and direct Taxes shall be apportioned among the several States which may be included within this Union, according to their respective Numbers, which shall be determined by adding to the whole Number of free Persons, including those bound to Service for a Term of Years, and excluding Indians not taxed, three fifths of all other Persons [Modified by Amendment XIV]. The actual Enumeration shall be made within three Years after the first Meeting of the Congress of the United States, and within every subsequent Term of ten Years, in such Manner as they shall by Law direct. The Number of Representatives shall not exceed one for every thirty Thousand, but each State shall have at Least one Representative; and until such enumeration shall be made, the State of New Hampshire shall be entitled to chuse three, Massachusetts eight, Rhode-Island and Providence Plantations one, Connecticut five, New-York six, New Jersey four, Pennsylvania eight, Delaware one, Maryland six, Virginia ten, North Carolina five, South Carolina five, and Georgia three.

When vacancies happen in the Representation from any State, the Executive Authority thereof shall issue Writs of Election to fill such Vacancies.

The House of Representatives shall choose their Speaker and other Officers; and shall have the sole Power of Impeachment.

Section. 3.

The Senate of the United States shall be composed of two Senators from each State, chosen by the Legislature thereof [Modified by Amendment XVII], for six Years; and each Senator shall have one Vote.

Immediately after they shall be assembled in Consequence of the first Election, they shall be divided as equally as may be into three Classes. The Seats of the Senators of the first Class shall be vacated at the Expiration of the second Year, of the second Class at the Expiration of the fourth Year, and of the third Class at the Expiration of the sixth Year, so that one third may be chosen every second Year; and if Vacancies happen by Resignation, or otherwise, during the Recess of the Legislature of any State, the Executive thereof may make temporary Appointments until the next Meeting of the Legislature, which shall then fill such Vacancies [Modified by Amendment VXII].

No Person shall be a Senator who shall not have attained to the Age of thirty Years, and been nine Years a Citizen of the United States, and who shall not, when elected, be an Inhabitant of that State for which he shall be chosen.

The Vice President of the United States shall be President of the Senate, but shall have no Vote, unless they be equally divided.

The Senate shall chuse their other Officers, and also a President pro tempore, in the Absence of the Vice President, or when he shall exercise the Office of President of the United States.

The Senate shall have the sole Power to try all Impeachments. When sitting for that Purpose, they shall be on Oath or

Affirmation. When the President of the United States is tried, the Chief Justice shall preside: And no Person shall be convicted without the Concurrence of two thirds of the Members present.

Judgment in Cases of Impeachment shall not extend further than to removal from Office, and disqualification to hold and enjoy any Office of honor, Trust or Profit under the United States: but the Party convicted shall nevertheless be liable and subject to Indictment, Trial, Judgment and Punishment, according to Law.

Section. 4.

The Times, Places and Manner of holding Elections for Senators and Representatives, shall be prescribed in each State by the Legislature thereof; but the Congress may at any time by Law make or alter such Regulations, except as to the Places of choosing Senators.

The Congress shall assemble at least once in every Year, and such Meeting shall be on the first Monday in December [Modified by Amendment XX], unless they shall by Law appoint a different Day.

Section. 5.

Each House shall be the Judge of the Elections, Returns and Qualifications of its own Members, and a Majority of each shall constitute a Quorum to do Business; but a smaller Number may adjourn from day to day, and may be authorized to compel the Attendance of absent Members, in such Manner, and under such Penalties as each House may provide.

Each House may determine the Rules of its Proceedings, punish its Members for disorderly Behaviour, and, with the Concurrence of two thirds, expel a Member.

Each House shall keep a Journal of its Proceedings, and from time to time publish the same, excepting such Parts as may in their Judgment require Secrecy; and the Yeas and Nays of the Members of either House on any question shall, at the Desire of one fifth of those Present, be entered on the Journal.

Neither House, during the Session of Congress, shall, without the Consent of the other, adjourn for more than three days, nor to any other Place than that in which the two Houses shall be sitting

Section. 6.

The Senators and Representatives shall receive a Compensation for their Services, to be ascertained by Law, and paid out of the Treasury of the United States. They shall in all Cases, except Treason, Felony and Breach of the Peace, be privileged from Arrest during their Attendance at the Session of their respective Houses, and in going to and returning from the same; and for any Speech or Debate in either House, they shall not be questioned in any other Place.

No Senator or Representative shall, during the Time for which he was elected, be appointed to any civil Office under the Authority of the United States, which shall have been created, or the Emoluments whereof shall have been encreased during such time; and no Person holding any Office under the United States, shall be a Member of either House during his Continuance in Office.

Section. 7.

All Bills for raising Revenue shall originate in the House of Representatives; but the Senate may propose or concur with Amendments as on other Bills.

Every Bill which shall have passed the House of Representatives and the Senate, shall, before it become a Law, be presented to the President of the United States: If he approve he shall sign it, but if not he shall return it, with his Objections to that House in which it shall have originated, who shall enter the Objections at large on their Journal, and proceed to reconsider it. If after such Reconsideration two thirds of that House shall agree to pass the Bill, it shall be sent, together with the Objections, to the other House, by which it shall likewise be reconsidered, and if approved by two thirds of that House, it shall become a Law. But in all such Cases the Votes of both Houses shall be determined by Yeas and Nays, and the Names of the Persons voting for and against the Bill shall be entered on the Journal of each House respectively. If any Bill shall not be returned by the President within ten Days (Sundays excepted) after it shall have been presented to him, the Same shall be a Law, in like Manner as if he had signed it, unless the Congress by their Adjournment prevent its Return, in which Case it shall not be a Law.

Every Order, Resolution, or Vote to which the Concurrence of the Senate and House of Representatives may be necessary (except on a question of Adjournment) shall be presented to the President of the United States; and before the Same shall take Effect, shall be approved by him, or being disapproved by him, shall be repassed by two thirds of the Senate and House of Representatives, according to the Rules and Limitations prescribed in the Case of a Bill.

Section. 8.

The Congress shall have Power (1) To lay and collect Taxes, Duties, Imposts and Excises, to pay the Debts and provide for the common Defence and general Welfare of the United States; but all Duties, Imposts and Excises shall be uniform throughout the United States;

(2) To borrow Money on the credit of tho Unitod Statco;

(3) To regulate Commerce with foreign Nations, and among the several States, and with the Indian Tribes;

(4) To establish an uniform Rule of Naturalization, and uniform Laws on the subject of Bankruptcies throughout the United States;

(5) To coin Money, regulate the Value thereof, and of foreign Coin, and fix the Standard of Weights and Measures;

(6) To provide for the Punishment of counterfeiting the Securities and current Coin of the United States;

(7) To establish Post Offices and post Roads;

(8) To promote the Progress of Science and useful Arts, by securing for limited Times to Authors and Inventors the exclusive Right to their respective Writings and Discoveries;

(9) To constitute Tribunals inferior to the supreme Court;

(10) To define and punish Piracies and Felonies committed on the high Seas, and Offences against the Law of Nations;

(11) To declare War, grant Letters of Marque and Reprisal, and make Rules concerning Captures on Land and Water;

(12) To raise and support Armies, but no Appropriation of Money to that Use shall be for a longer Term than two Years;

(13) To provide and maintain a Navy;

(14) To make Rules for the Government and Regulation of the land and naval Forces;

(15) To provide for calling forth the Militia to execute the Laws of the Union, suppress Insurrections and repel Invasions;

(16) To provide for organizing, arming, and disciplining, the Militia, and for governing such Part of them as may be employed in the Service of the United States, reserving to the States respectively, the Appointment of the Officers, and the Authority of training the Militia according to the discipline prescribed by Congress;

(17) To exercise exclusive Legislation in all Cases whatsoever, over such District (not exceeding ten Miles square) as may, by Cession of particular States, and the Acceptance of Congress, become the Seat of the Government of the United States, and to exercise like Authority over all Places purchased by the Consent of the Legislature of the State in which the Same shall be, for the Erection of Forts, Magazines, Arsenals, dock-Yards, and other needful Buildings; —And

(18) To make all Laws which shall be necessary and proper for carrying into Execution the foregoing Powers, and all other Powers vested by this Constitution in the Government of the United States, or in any Department or Officer thereof.

Section. 9.

The Migration or Importation of such Persons as any of the States now existing shall think proper to admit, shall not be prohibited by the Congress prior to the Year one thousand eight hundred and eight, but a Tax or duty may be imposed on such Importation, not exceeding ten dollars for each Person.

The Privilege of the Writ of Habeas Corpus shall not be suspended, unless when in Cases of Rebellion or Invasion the public Safety may require it.

No Bill of Attainder or ex post facto Law shall be passed.

No Capitation, or other direct, Tax shall be laid, unless in Proportion to the Census or Enumeration herein before directed to be taken.

No Tax or Duty shall be laid on Articles exported from any State.

No Preference shall be given by any Regulation of Commerce or Revenue to the Ports of one State over those of another; nor shall Vessels bound to, or from, one State, be obliged to enter, clear, or pay Duties in another.

No Money shall be drawn from the Treasury, but in Consequence of Appropriations made by Law; and a regular Statement and Account of the Receipts and Expenditures of all public Money shall be published from time to time.

No Title of Nobility shall be granted by the United States: And no Person holding any Office of Profit or Trust under them, shall, without the Consent of the Congress, accept of any present, Emolument, Office, or Title, of any kind whatever, from any King, Prince, or foreign State.

Section. 10.

No State shall enter into any Treaty, Alliance, or Confederation; grant Letters of Marque and Reprisal; coin Money;

emit Bills of Credit; make any Thing but gold and silver Coin a Tender in Payment of Debts; pass any Bill of Attainder, ex post facto Law, or Law impairing the Obligation of Contracts, or grant any Title of Nobility.

No State shall, without the Consent of the Congress, lay any Imposts or Duties on Imports or Exports, except what may be absolutely necessary for executing it's inspection Laws; and the net Produce of all Duties and Imposts, laid by any State on Imports or Exports, shall be for the Use of the Treasury of the United States; and all such Laws shall be subject to the Revision and Control of the Congress.

No State shall, without the Consent of Congress, lay any Duty of Tonnage, keep Troops, or Ships of War in time of Peace, enter into any Agreement or Compact with another State, or with a foreign Power, or engage in War, unless actually invaded, or in such imminent Danger as will not admit of delay.

Article. II.

Section. 1.

The executive Power shall be vested in a President of the United States of America. He shall hold his Office during the Term of four Years, and, together with the Vice President, chosen for the same Term, be elected, as follows:

Each State shall appoint, in such Manner as the Legislature thereof may direct, a Number of Electors, equal to the whole Number of Senators and Representatives to which the State may be entitled in the Congress: but no Senator or Representative, or Person holding an Office of Trust or Profit under the United States, shall be appointed an Elector.

The Electors shall meet in their respective States, and vote by Ballot for two Persons, of whom one at least shall not be an Inhabitant of the same State with themselves. And they shall make a List of all the Persons voted for, and of the Number of Votes for each; which List they shall sign and certify, and transmit sealed to the Seat of the Government of the United States, directed to the President of the Senate. The President of the Senate shall, in the Presence of the Senate and House of Representatives, open all the Certificates, and the Votes shall then be counted. The Person having the greatest Number of Votes shall be the President, if such Number be a Majority of the whole Number of Electors appointed; and if there be more than one who have such Majority, and have an equal Number of Votes, then the House of Representatives shall immediately choose by Ballot one of them for President; and if no Person have a Majority, then from the five highest on the List the said House shall in like Manner choose the President. But in choosing the President, the Votes shall be taken by States, the Representation from each State having one Vote; a quorum for this Purpose shall consist of a Member or Members from two thirds of the States, and a Majority of all the States shall be necessary to a Choice. In every Case, after the Choice of the President, the Person having the greatest Number of Votes of the Electors shall be the Vice President. But if there should remain two or more who have equal Votes, the Senate shall choose from them by Ballot the Vice President [Modified by Amendment XII].

The Congress may determine the Time of choosing the Electors, and the Day on which they shall give their Votes; which Day shall be the same throughout the United States.

No Person except a natural born Citizen, or a Citizen of the United States, at the time of the Adoption of this Constitution, shall be eligible to the Office of President; neither shall any Person be eligible to that Office who shall not have attained to the Age of thirty five Years, and been fourteen Years a Resident within the United States.

In Case of the Removal of the President from Office, or of his Death, Resignation, or Inability to discharge the Powers and Duties of the said Office, the Same shall devolve on the Vice President, and the Congress may by Law provide for the Case of Removal, Death, Resignation or Inability, both of the President and Vice President, declaring what Officer shall then act as President, and such Officer shall act accordingly, until the Disability be removed, or a President shall be elected [Modified by Amendment XXV].

The President shall, at stated Times, receive for his Services, a Compensation, which shall neither be increased nor diminished during the Period for which he shall have been elected, and he shall not receive within that Period any other Emolument from the United States, or any of them.

Before he enter on the Execution of his Office, he shall take the following Oath or Affirmation: —"I do solemnly swear (or affirm) that I will faithfully execute the Office of President of the United States, and will to the best of my Ability, preserve, protect and defend the Constitution of the United States."

Section. 2.

The President shall be Commander in Chief of the Army and Navy of the United States, and of the Militia of the several States, when called into the actual Service of the United States; he may require the Opinion, in writing, of the principal Officer in each of the executive Departments, upon any Subject relating to the Duties of their respective Offices, and he shall have Power to grant Reprieves and Pardons for Offences against the United States, except in Cases of Impeachment.

He shall have Power, by and with the Advice and Consent of the Senate, to make Treaties, provided two thirds of the Senators present concur; and he shall nominate, and by and with the Advice and Consent of the Senate, shall appoint Ambassadors, other public Ministers and Consuls, Judges of the supreme Court, and all other Officers of the United States, whose Appointments are not herein otherwise provided for, and which shall be established by Law: but the Congress may by Law vest the Appointment of such inferior Officers, as they think proper, in the President alone, in the Courts of Law, or in the Heads of Departments.

The President shall have Power to fill up all Vacancies that may happen during the Recess of the Senate, by granting Commissions which shall expire at the End of their next Session.

Section. 3.

He shall from time to time give to the Congress Information of the State of the Union, and recommend to their Consideration such Measures as he shall judge necessary and expedient; he may, on extraordinary Occasions, convene both Houses, or either of them, and in Case of Disagreement between them, with Respect to the Time of Adjournment, he may adjourn them to such Time as he shall think proper; he shall receive Ambassadors and other public Ministers; he shall take Care that the Laws be faithfully executed, and shall Commission all the Officers of the United States.

Section. 4.

The President, Vice President and all civil Officers of the United States, shall be removed from Office on Impeachment for, and Conviction of, Treason, Bribery, or other high Crimes and Misdemeanors.

Article. III.

Section. 1.

The judicial Power of the United States shall be vested in one supreme Court, and in such inferior Courts as the Congress may from time to time ordain and establish. The Judges, both of the supreme and inferior Courts, shall hold their Offices during good Behaviour, and shall, at stated Times, receive for their Services a Compensation, which shall not be diminished during their Continuance in Office.

Section. 2.

The judicial Power shall extend to all Cases, in Law and Equity, arising under this Constitution, the Laws of the United States, and Treaties made, or which shall be made, under their Authority; —to all Cases affecting Ambassadors, other public Ministers and Consuls; —to all Cases of admiralty and maritime Jurisdiction; —to Controversies to which the United States shall be a Party; —to Controversies between two or more States; —between a State and Citizens of another State [Modified by Amendment XI]; —between Citizens of different States; —between Citizens of the same State claiming Lands under Grants of different States, and between a State, or the Citizens thereof, and foreign States, Citizens or Subjects.

In all Cases affecting Ambassadors, other public Ministers and Consuls, and those in which a State shall be Party, the supreme Court shall have original Jurisdiction. In all the other Cases before mentioned, the supreme Court shall have appellate Jurisdiction, both as to Law and Fact, with such Exceptions, and under such Regulations as the Congress shall make.

The Trial of all Crimes, except in Cases of Impeachment, shall be by Jury; and such Trial shall be held in the State where the said Crimes shall have been committed; but when not committed within any State, the Trial shall be at such Place or Places as the Congress may by Law have directed.

Section. 3.

Treason against the United States shall consist only in levying

War against them, or in adhering to their Enemies, giving them Aid and Comfort. No Person shall be convicted of Treason unless on the Testimony of two Witnesses to the same overt Act, or on Confession in open Court.

The Congress shall have Power to declare the Punishment of Treason, but no Attainder of Treason shall work Corruption of Blood, or Forfeiture except during the Life of the Person attainted.

Article. IV.

Section. 1.

Full Faith and Credit shall be given in each State to the public Acts, Records, and judicial Proceedings of every other State. And the Congress may by general Laws prescribe the Manner in which such Acts, Records and Proceedings shall be proved, and the Effect thereof.

Section. 2.

The Citizens of each State shall be entitled to all Privileges and Immunities of Citizens in the several States.

A Person charged in any State with Treason, Felony, or other Crime, who shall flee from Justice, and be found in another State, shall on Demand of the executive Authority of the State from which he fled, be delivered up, to be removed to the State having Jurisdiction of the Crime.

No Person held to Service or Labour in one State, under the Laws thereof, escaping into another, shall, in Consequence of any Law or Regulation therein, be discharged from such Service or Labour, but shall be delivered up on Claim of the Party to whom such Service or Labour may be due [Modified by Amendment XIII].

Section. 3.

New States may be admitted by the Congress into this Union; but no new State shall be formed or erected within the Jurisdiction of any other State; nor any State be formed by the Junction of two or more States, or Parts of States, without the Consent of the Legislatures of the States concerned as well as of the Congress.

The Congress shall have Power to dispose of and make all needful Rules and Regulations respecting the Territory or other Property belonging to the United States; and nothing in this Constitution shall be so construed as to Prejudice any Claims of the United States, or of any particular State.

Section. 4.

The United States shall guarantee to every State in this Union a Republican Form of Government, and shall protect each of them against Invasion; and on Application of the Legislature, or of the Executive (when the Legislature cannot be convened), against domestic Violence.

Article. V.

The Congress, whenever two thirds of both Houses shall deem it necessary, shall propose Amendments to this Constitution, or, on the Application of the Legislatures of two thirds of the several States, shall call a Convention for proposing Amendments, which, in either Case, shall be valid to all Intents and Purposes, as Part of this Constitution, when ratified by the Legislatures of three fourths of the several States, or by Conventions in three fourths thereof, as the one or the other Mode of Ratification may be proposed by the Congress; Provided that no Amendment which may be made prior to the Year One thousand eight hundred and eight shall in any Manner affect the first and fourth Clauses in the Ninth Section of the first Article; and that no State, without its Consent, shall be deprived of its equal Suffrage in the Senate [Possibly abrogated by Amendment VXII].

Article. VI.

All Debts contracted and Engagements entered into, before the Adoption of this Constitution, shall be as valid against the United States under this Constitution, as under the Confederation.

This Constitution, and the Laws of the United States which shall be made in Pursuance thereof; and all Treaties made, or which shall be made, under the Authority of the United States, shall be the supreme Law of the Land; and the Judges in every State shall be bound thereby, any Thing in the Constitution or Laws of any State to the Contrary notwithstanding.

The Senators and Representatives before mentioned, and the Members of the several State Legislatures, and all executive and judicial Officers, both of the United States and of the several States, shall be bound by Oath or Affirmation, to support this Constitution; but no religious Test shall ever be required as a Qualification to any Office or public Trust under the United States.

Article. VII.

The Ratification of the Conventions of nine States, shall be sufficient for the Establishment of this Constitution between the States so ratifying the Same.

Done in Convention by the Unanimous Consent of the States present the Seventeenth Day of September in the Year of our Lord one thousand seven hundred and Eighty seven and of the Independence of the United States of America the Twelfth In witness whereof We have hereunto subscribed our Names······.

Amendment

Amendment I

Congress shall make no law respecting an establishment of religion, or prohibiting the free exercise thereof; or abridging the freedom of speech, or of the press; or the right of the people peaceably to assemble, and to petition the government for a redress of grievances.

Amendment II

A well regulated militia, being necessary to the security of a free state, the right of the people to keep and bear arms, shall not be infringed.

Amendment III

No soldier shall, in time of peace be quartered in any house, without the consent of the owner, nor in time of war, but in a manner to be prescribed by law.

Amendment IV

The right of the people to be secure in their persons, houses, papers, and effects, against unreasonable searches and seizures, shall not be violated, and no warrants shall issue, but upon probable cause, supported by oath or affirmation, and particularly describing the place to be searched, and the persons or things to be seized.

Amendment V

No person shall be held to answer for a capital, or otherwise infamous crime, unless on a presentment or indictment of a grand jury, except in cases arising in the land or naval forces, or in the militia, when in actual service in time of war or public danger; nor shall any person be subject for the same offense to be twice put in jeopardy of life or limb; nor shall be compelled in any criminal case to be a witness against himself, nor be deprived of life, liberty, or property, without due process of law; nor shall private property be taken for public use, without just compensation.

Amendment VI

In all criminal prosecutions, the accused shall enjoy the right to a speedy and public trial, by an impartial jury of the state and district wherein the crime shall have been committed, which district shall have been previously ascertained by law, and to be informed of the nature and cause of the accusation; to be confronted with the witnesses against him; to have compulsory process for obtaining witnesses in his favor, and to have the assistance of counsel for his defense.

Amendment VII

In suits at common law, where the value in controversy shall exceed twenty dollars, the right of trial by jury shall be preserved, and no fact tried by a jury, shall be otherwise reexamined in any court of the United States, than according to the rules of the common law.

Amendment VIII

Excessive bail shall not be required, nor excessive fines imposed, nor cruel and unusual punishments inflicted.

Amendment IX

The enumeration in the Constitution, of certain rights, shall not be construed to deny or disparage others retained by the people.

Amendment X

The powers not delegated to the United States by the Constitution, nor prohibited by it to the states, are reserved to the states respectively, or to the people.

Amendment XI

The judicial power of the United States shall not be construed to extend to any suit in law or equity, commenced or prosecuted against one of the United States by citizens of another state, or by citizens or subjects of any foreign state.

Amendment XII

The electors shall meet in their respective states and vote by ballot for President and Vice-President, one of whom, at least, shall not be an inhabitant of the same state with themselves; they shall name in their ballots the person voted for as President, and in distinct ballots the person voted for as Vice-President, and they shall make distinct lists of all persons voted for as President, and of all persons voted for as Vice-President, and of the number of votes for each, which lists they shall sign and certify, and transmit sealed to the seat of the government of the United States, directed to the President of the Senate; -The President of the Senate shall, in the presence of the Senate and House of Representatives, open all the certificates and the votes shall then be counted; -the person having the greatest number of votes for President, shall be the President, if such number be a majority of the whole number of electors appointed; and if no person have such majority, then from the persons having the highest numbers not exceeding three on the list of those voted for as President, the House of Representatives shall choose immediately, by ballot, the President. But in choosing the President, the votes shall be taken by states, the representation from each state having one vote; a quorum for this purpose shall consist of a member or members from two-thirds of the states, and a majority of all the states shall be necessary to a choice. And if the House of Representatives shall not choose a President whenever the right of choice shall devolve upon them, before the fourth day of March next following, then the Vice-President shall act as President, as in the case of the death or other constitutional disability of the President. The person having the greatest number of votes as Vice-President, shall be the Vice-President, if such number be a majority of the whole number of electors appointed, and if no person have a majority, then from the two highest numbers on the list, the Senate shall choose the Vice-President; a quorum for the purpose shall consist of two-thirds of the whole number of Senators, and a majority of the whole number shall be necessary to a choice. But no person constitutionally ineligible to the office of President shall be eligible to that of Vice-President of the United States.

Amendment XIII

Section 1. Neither slavery nor involuntary servitude, except as a punishment for crime whereof the party shall have been duly convicted, shall exist within the United States, or any place subject to their jurisdiction.

Section 2. Congress shall have power to enforce this article by appropriate legislation.

Amendment XIV

Section 1. All persons born or naturalized in the United States, and subject to the jurisdiction thereof, are citizens of the United States and of the state wherein they reside. No state shall make or enforce any law which shall abridge the privileges or immunities of citizens of the United States; nor shall any state deprive any person of life, liberty, or property, without due process of law; nor deny to any person within its jurisdiction the equal protection of the laws.

Section 2. Representatives shall be apportioned among the several states according to their respective numbers, counting the whole number of persons in each state, excluding Indians not taxed. But when the right to vote at any election for the choice of electors for President and Vice President of the United States,

Representatives in Congress, the executive and judicial officers of a state, or the members of the legislature thereof, is denied to any of the male inhabitants of such state, being twenty—one years of age, and citizens of the United States, or in any way abridged, except for participation in rebellion, or other crime, the basis of representation therein shall be reduced in the proportion which the number of such male citizens shall bear to the whole number of male citizens twenty—one years of age in such state.

Section 3. No person shall be a Senator or Representative in Congress, or elector of President and Vice President, or hold any office, civil or military, under the United States, or under any state, who, having previously taken an oath, as a member of Congress, or as an officer of the United States, or as a member of any state legislature, or as an executive or judicial officer of any state, to support the Constitution of the United States, shall have engaged in insurrection or rebellion against the same, or given aid or comfort to the enemies thereof. But Congress may by a vote of two —thirds of each House, remove such disability.

Section 4. The validity of the public debt of the United States, authorized by law, including debts incurred for payment of pensions and bounties for services in suppressing insurrection or rebellion, shall not be questioned. But neither the United States nor any state shall assume or pay any debt or obligation incurred in aid of insurrection or rebellion against the United States, or any claim for the loss or emancipation of any slave; but all such debts, obligations and claims shall be held illegal and void.

Section 5. The Congress shall have power to enforce, by

appropriate legislation, the provisions of this article.

Amendment XV

Section 1. The right of citizens of the United States to vote shall not be denied or abridged by the United States or by any state on account of race, color, or previous condition of servitude.

Section 2. The Congress shall have power to enforce this article by appropriate legislation.

Amendment XVI

The Congress shall have power to lay and collect taxes on incomes, from whatever source derived, without apportionment among the several states, and without regard to any census or enumeration.

Amendment XVII

The Senate of the United States shall be composed of two Senators from each state, elected by the people thereof, for six years; and each Senator shall have one vote. The electors in each state shall have the qualifications requisite for electors of the most numerous branch of the state legislatures.

When vacancies happen in the representation of any state in the Senate, the executive authority of such state shall issue writs of election to fill such vacancies: Provided, that the legislature of any state may empower the executive thereof to make temporary appointments until the people fill the vacancies by election as the legislature may direct.

This amendment shall not be so construed as to affect the election or term of any Senator chosen before it becomes valid as part of the Constitution.

Amendment ⅩⅧ

Section 1. After one year from the ratification of this article the manufacture, sale, or transportation of Intoxicating liquors within, the importation thereof into, or the exportation thereof from the United States and all territory subject to the jurisdiction thereof for beverage purposes is hereby prohibited.

Section 2. The Congress and the several states shall have concurrent power to enforce this article by appropriate legislation.

Section 3. This article shall be inoperative unless it shall have been ratified as an amendment to the Constitution by the legislatures of the several states, as provided in the Constitution, within seven years from the date of the submission hereof to the states by the Congress.

Amendment ⅩⅨ

The right of citizens of the United States to vote shall not be denied or abridged by the United States or by any state on account of sex.

Congress shall have power to enforce this article by appropriate legislation.

Amendment XX

Section 1. The terms of the President and Vice President shall end at noon on the 20th day of January, and the terms of Senators and Representatives at noon on the 3d day of January, of the years in which such terms would have ended if this article had not been ratified; and the terms of their successors shall then begin.

Section 2. The Congress shall assemble at least once in every year, and such meeting shall begin at noon on the 3d day of January, unless they shall by law appoint a different day.

Section 3. If, at the time fixed for the beginning of the term of the President, the President elect shall have died, the Vice President elect shall become President. If a President shall not have been chosen before the time fixed for the beginning of his term, or if the President elect shall have failed to qualify, then the Vice President elect shall act as President until a President shall have qualified; and the Congress may by law provide for the case wherein neither a President elect nor a Vice President elect shall have qualified, declaring who shall then act as President, or the manner in which one who is to act shall be selected, and such person shall act accordingly until a President or Vice President shall have qualified.

Section 4. The Congress may by law provide for the case of the death of any of the persons from whom the House of Representatives may choose a President whenever the right of choice shall have devolved upon them, and for the case of the death of any of the persons from whom the Senate may choose a Vice President whenever the right of choice shall have devolved upon them.

Section 5. Sections 1 and 2 shall take effect on the 15th day of October following the ratification of this article.

Section 6. This article shall be inoperative unless it shall have been ratified as an amendment to the Constitution by the legislatures of three-fourths of the several states within seven years from the date of its submission.

Amendment XIX

Section 1. The eighteenth article of amendment to the Constitution of the United States is hereby repealed.

Section 2. The transportation or importation into any state, territory, or possession of the United States for delivery or use therein of intoxicating liquors, in violation of the laws thereof, is hereby prohibited.

Section 3. This article shall be inoperative unless it shall have been ratified as an amendment to the Constitution by conventions in the several states, as provided in the Constitution, within seven years from the date of the submission hereof to the states by the Congress.

Amendment XXII

Section 1. No person shall be elected to the office of the President more than twice, and no person who has held the office of President, or acted as President, for more than two years of a term to which some other person was elected President shall be elected to the office of the President more than once. But this article shall not apply to any person holding the office of President when this article was proposed by the Congress, and shall not prevent any person who may be holding the office of President, or acting as President, during the term within which this article becomes operative from holding the office of President or acting as President during the remainder of such term.

Section 2. This article shall be inoperative unless it shall have been ratified as an amendment to the Constitution by the legislatures of three-fourths of the several states within seven years from the date of its submission to the states by the Congress.

Amendment XXIII

Section 1. The District constituting the seat of government of the United States shall appoint in such manner as the Congress may direct:
A number of electors of President and Vice President equal to the whole number of Senators and Representatives in Congress to which the District would be entitled if it were a state, but in no event more than the least populous state; they shall be in addition

to those appointed by the states, but they shall be considered, for the purposes of the election of President and Vice President, to be electors appointed by a state; and they shall meet in the District and perform such duties as provided by the twelfth article of amendment.

Section 2. The Congress shall have power to enforce this article by appropriate legislation.

Amendment XXIV

Section 1. The right of citizens of the United States to vote in any primary or other election for President or Vice President, for electors for President or Vice President, or for Senator or Representative in Congress, shall not be denied or abridged by the United States or any state by reason of failure to pay any poll tax or other tax.

Section 2. The Congress shall have power to enforce this article by appropriate legislation.

Amendment XXV

Section 1. In case of the removal of the President from office or of his death or resignation, the Vice President shall become President.

Section 2. Whenever there is a vacancy in the office of the Vice President, the President shall nominate a Vice President who shall

take office upon confirmation by a majority vote of both Houses of
Congress.

Section 3. Whenever the President transmits to the President pro
tempore of the Senate and the Speaker of the House of Repre-
sentatives his written declaration that he is unable to discharge
the powers and duties of his office, and until he transmits to them
a written declaration to the contrary, such powers and duties shall
be discharged by the Vice President as Acting President.

Section 4. Whenever the Vice President and a majority of either
the principal officers of the executive departments or of such
other body as Congress may by law provide, transmit to the
President pro tempore of the Senate and the Speaker of the House of
Representatives their written declaration that the President is
unable to discharge the powers and duties of his office, the Vice
President shall immediately assume the powers and duties of the
office as Acting President.

Thereafter, when the President transmits to the President pro
tempore of the Senate and the Speaker of the House of Represe-
ntatives his written declaration that no inability exists, he shall
resume the powers and duties of his office unless the Vice
President and a majority of either the principal officers of the
executive department or of such other body as Congress may by law
provide, transmit within four days to the President pro tempore of
the Senate and the Speaker of the House of Representatives their
written declaration that the President is unable to discharge the
powers and duties of his office. Thereupon Congress shall decide the
issue, assembling within forty—eight hours for that purpose if not

in session. If the Congress, within twenty-one days after receipt of
'the latter written declaration, or, if Congress is not in session,
within twenty-one days after Congress is required to assemble,
determines by two-thirds vote of both Houses that the President is
unable to discharge the powers and duties of his office, the Vice
President shall continue to discharge the same as Acting President;
otherwise, the President shall resume the powers and duties of his
office.

Amendment XXVI

Section 1. The right of citizens of the United States, who are
18 years of age or older, to vote, shall not be denied or abridged
by the United States or any state on account of age.

Section 2. The Congress shall have the power to enforce this
article by appropriate legislation.

Amendment XXVII

No law, varying the compensation for the services of the
Senators and Representatives, shall take effect, until an election
of Representatives shall have intervened.

John E. Nowak

현재 일리노이 법과대학 명예교수

일리노이 주대법원의 쉐퍼(Walter V. Schaefer) 대법관의 재판연구관 역임. 법과대학으로부터 우수 교수상을 3번 수상. 수년간 미국대학체육협회(NCAA)에서 일리노이 대학교 대표로 활동함. 또한 1987년부터 1990년까지 미국대학체육협회(NCAA) 위원회에서 활동함. 수많은 헌법적 논문들을 발표하였음. 미국법연구소의 회원이고 미국로스쿨협회의 수많은 위원회의 회장을 역임함. 일리노이 주대법원 위원회의 위원을 역임하고 있음.

Ronald D. Rotunda

현재 조오지 메이슨 법과대학원 교수

1993년부터 2002년까지 일리노이(Illinois) 대학 법대 교수 역임. 주로 헌법과 법조윤리를 강의함. 하버드 로스쿨(Harvard Law School)을 매우 우수함(magna cum laude)의 성적으로 졸업하고, 하버드 로스쿨 법학지(Law Review)의 편집위원 역임. 후에 제2 연방고등법원의 맨스필드(Walter R. Mansfield) 판사의 재판연구관 역임. 또한 워싱턴 D.C.에서 변호사로 개업하였고, 워터게이트(Watergate) 위원회 부대변인으로 일함. 헌법과 법조윤리에 관한 현대 학자 중 가장 인용빈도가 많은 저자 중 한 사람이다.

- 역 자 소 개 -

이부하

독일 쾰른대 법학박사
현재 영남대학교 법과대학 교수(헌법학)

<논 문>
『헌법재판소의 업무부담경감』, 법조 605호, 2007. 2
『위헌법률심판제청시 이유제시의무』, 공법연구 제34집 3호, 2006. 2

『재산권의 보장 및 재산권의 사회적 기속』, 헌법학연구 제11권 2호, 2005. 6

『상징적 표현의 권리』, 공법학연구 제6권 2호, 2005. 6

『헌법재판에 있어서 사법적 자제』, 공법연구 제33집 3호, 2005. 5

『헌법재판소의 수인의무』, 헌법학연구 제10권 3호, 2004. 9

『법원의 재판에 대한 헌법소원』, 법조 제573호, 2004. 6

『통일 후 북한의 토지소유권 문제』, 토지공법연구 제21집, 2004. 3

『독일에서의 헌법해석의 방법론』, 공법연구 제32집 4호, 2004. 3

등 多數

표현의 자유와 미국헌법

- 초판 인쇄　　2007년 7월 2일
- 초판 발행　　2007년 7월 2일

- 지 은 이　　이부하
- 펴 낸 이　　채종준
- 펴 낸 곳　　한국학술정보㈜
　　　　　　　경기도 파주시 교하읍 문발리 526-2
　　　　　　　파주출판문화정보산업단지
　　　　　　　전화　031) 908-3181(대표) · 팩스　031) 908-3189
　　　　　　　홈페이지　http://www.kstudy.com
　　　　　　　e-mail(출판사업팀사업부)　publish@kstudy.com
- 등 　 록　　제일산-115호(2000. 6. 19)
- 가 　 격　　17,000원

ISBN　　978-89-534-7009-5 93360 (Paper Book)
　　　　　978-89-534-7010-1 98360　(e-Book)